나는 오늘도 해외로
명품 사러 간다

나는 오늘도 해외로 명품 사러 간다

정민 지음

라미북스

―
프롤로그
―

/

  1년에 12번 캐리어를 끌고 프랑스, 이탈리아, 독일, 스위스 등 유럽 6개국과 일본에 바잉을 떠난다. 장인이 한 땀 한 땀 만든, 작지만 값나가는 명품 즉 에르메스, 샤넬, 루이비통, 프라다, 구찌 중에서 가장 사랑받는 아이템을 골라 대한민국으로 돌아온다.

  매일 정해진 시간, 같은 공간에서 주어진 일을 하며 지내는 생활에 염증을 느꼈다. 새로운 곳, 낯선 환경에 던져진 나를 마주하며 자유롭게 살고 싶어 나는 2016년 프랑크푸르트행 비행기에 오르며, 명품 병행 수입 비즈니스 세계에 첫발을 내디뎠다.
  나는 해외를 다니며 명품을 병행 수입하고 판매하여 이익을 창출하는 '명품 소호 무역상'이다.
  명품을 수입한다고 하니 컨테이너 단위의 큰 규모나 거액을 투자해야 하며, 현지 언어가 유창해야 한다고 생각할 수도 있다. 하지만 내가 하는 명품 소호 무역은 유럽의 도매상이나 아웃렛, 소매점에서 직접 아이템을 바잉하고 국내에 수입하는 작은 규모의 무역이라서 생각하는 것만큼 큰 규모나 거액으로 움직이고 있지는 않다.

이 일을 한다고 했을 때 지인들이 참 많이 물어오곤 했다. 본인도 이 일에 관심도 있고, 한번 해보고 싶은 마음도 굴뚝같은데 정작 본인은 영어가 짧아서 혹은 현지 상황에 밝지 않고, 투자할 수 있는 돈이 많지 않다고 지레 겁먹으며 도전을 꺼렸다. 그러나 내가 직접 부딪쳐 보니 사실 명품 소호 무역은 특별한 자격이나 능숙한 기술, 유창한 외국어 실력이 없더라도 누구나 의지와 용기만 있으면 충분히 할 수 있는 것이었다.

얼마 전, 마케팅에 관한 서적이 필요하여 서점에 들렀다. 서점에 다양한 창업, 경영 관련 신간들이 진열된 것을 보고 있자니 내가 이 일을 해 보고 싶어 정신없이 관련 서적을 찾아보던 2년 전 그때가 생각났다.

나는 보통 어떤 일을 시작하기 전에 먼저 관련 서적을 사서 찾아 읽어보곤 한다. 딱 2년 전 그때, 명품 소호 무역 비즈니스에 관심이 생겨 내 사업 아이템으로 해보자고 결정하고 서점을 찾았는데 관련 서적을 한 권도 찾을 수 없었다. 물론 명품 브랜드의 역사나 가치 또는 무역 전반에 대한 책들은 많았지만 정작 명품 소호 무역을 하려면 무엇을 준비해야 하는지, 어떻게 해야 하는지에 대한 명쾌한 대답이나 정보는 찾을 수 없었다. 그래서 나는 부득이 이 필드에서 잘 뛰고 계신다는 두 분의 스승님을 찾아 현장에 함께 나가 실제로 보고, 듣고, 발로 뛰며 부딪치며 이 필드의 생태를 하나씩 경험하게 되었다.

그리고 2년이 지난 지금도 여전히 서점에서는 관련 서적을 찾아볼 수 없다. 비록 나는 이 분야에서 오래 일하거나 산전수전 공중전까지 다 겪은 전문가는 아니다. 하지만 나처럼 적은 초기 비용을 가지고 명품 소호 무역 다시 말해 명품 병행수입을 해 보려는 분들께 처음부터 스승을 찾아 헤매는 시간과 비용을 절약하고, 스스로 한번 도전해 보길 바라며 용기를 내어 이 책을 쓰게 되었다. 하려는 의지와 용기만 있으면 충분히 할 수 있다고 말씀드리고 싶다.

이 책에서는 브랜드의 역사나 가치보다는 명품 병행 수입 비즈니스에 입문한 초보 사업자가 실제 바잉하고 수입하여 판매하는 과정에서 겪게 되는 에피소드들을 이야기하듯 풀어냈다. 처음에 어떤 계기로 명품 병행수입 비즈니스를 하게 되었는지, 어떤 준비를 하고 가야 하는지, 가서 어떻게 바잉 해야 하는지, 돌아와서 입국신고는 어떻게 해야 하는지, 온라인, 오프라인 판매는 어떻게 해야 하는지, 다음 바잉을 위해 어떤 준비들을 해야 하는지 등 전 과정을 시간 순서대로 따라가 볼 수 있도록 구성했다.

굳이 많은 컨설팅 비용을 들여 현장에 따라 나가지 않아도, 미리 간접 경험을 해볼 수 있도록 전문용어들 대신 현장에서 사용하는 필드 언어를 사용하여 생생함을 전하려고 노력했다.
한 번도 이 일을 경험해 보지 못한 생초보 입문자에게 딱 한 걸음 먼저 나간 옆집 언니 또는 누나가 들려주는 이야기라 생각하고 부담 없이 듣고, '그럼 나도 할 수 있겠네.'라고 용기 내실 수 있다면 더 바랄 것이 없겠다.

운동선수들이 본 경기 전에 시뮬레이션을 하듯 이 책을 통해 미리 명품 소호 무역상이 되어 느껴 보시길 바란다. 명품 병행수입 비즈니스를 막 시작하고자 하는 분 혹은 평소 해외여행을 많이 하는데 소소하게 경비를 절약하거나 모으고 싶은 분들이 보시면 무릎을 탁 치실 것이다.

이 책을 준비하며 나의 20년 지기 친구이자 최근 나랑 사무 공간을 공유하는 오피스 메이트에게 물었다. 초근접 거리에서 내가 일하는 모습을 지켜보며 명품 병행 수입 비즈니스에 관심을 갖기 시작한 친구라서 어쩌면 독자들이 진짜 궁금한 것이 무엇인지 힌트를 얻을 수 있을 것 같았다. "나 명품 비즈니스에 대한 책을 써보려고 해. 너는 뭐가 가장 궁금해? 내가 명품 비즈니스에 대해서 어떤 내용을 알려줬으면 좋겠어?"라고 물었다.

"이 제품 바잉해 오면 무조건 팔린다. 이런 제품 5개만 시원하게 찍어줘."

역시 평소 일하는 것을 지켜보던 친구라 그런지 허를 찌르는 대답이 돌아왔다.

그리고는 잠시 고민했다. 대박 맛집에서 다른 것은 다 공개해도 양념장 만드는 비법은 절대 안 알려주지 않나. 왜냐하면 그게 다니까. 많은 시간과 엄청난 비용을 들여 배운 전부를 대놓고 모두 공개해도 되나 싶어서.

그러나 결국 이 책에 시원하게 공개하기로 했다. 흐름을 따라 잘 읽어보면 숨겨진 보물을 찾을 수 있다. 이 책을 읽는 독자들은 행운을 잡은 거다. 잘나가는 아이템을 찾기 위해 내가 애썼던 17,520시간과 현장에 따라 나가면서 낸 컨설팅 비용을 벌써 절약한 셈이니까.

 모쪼록 여전히 할까 말까 고민하고 있는 독자분들께 이 책을 통해 "고민은 접어두고, 그냥 일단 한 번 해보라"고 이야기해 주고 싶다.

 처음에는 해외를 제집 드나들 듯 오가며 자유롭게 돈을 벌 수 있다는 만족감에 행복하겠지만, 시간이 거듭되면 거듭될수록 이 일을 하기 전에 경험해 보지 못한 또 다른 것들을 덤으로 얻을 수 있을 것이다. 유럽 사람들의 삶을 가까이 들여다보며, 그들은 어떻게 그런 여유를 가지고 살 수 있는지, 여유 있는 삶에 내 시선을 돌릴 수 있게 될 것이다.

 명품 바잉을 위해 방문하는 매장에서 최상의 명품 서비스를 제공 받으며, 내가 받을 수 있는 최고의 서비스를 자연스럽게 누려보게 될 것이다. 단순히 과시하기 위한 소비가 아닌 '체험'을 통해 명품의 가치를 직접 느껴봄으로써 진정한 럭셔리를 경험하게 될 것이다. 한편으로는 일하면서, 다른 한편으로는 마음껏 누리는 멋진 주인공이 되길 바란다.

차례

프롤로그 4

제1장 해외에 관심을 가지다

베이징과의 인연 16

본성을 거스르는 시간 22

스타트업 무역 에이전시 직장인 26

해외 온라인 마켓에 기웃거리다 30

직장인, 다시 퇴사하기로 결심하다 34

직장인, 공부하다가 창업하다 38

제2장 나는 오늘도 해외로 명품 사러 간다

유럽은 처음이지만 44

유럽 바잉 가기 전에 챙겨가야 할 것들 48

아우토반 휴게소에서 아침을 52

복장은 청담동 며느리룩으로 56

오늘 동선은 아울렛 찍고 정매장 60

제3장 본격적으로 바잉을 시작하다

에르메스, 예약은 필수다 68

샤넬, 클러치 5개는 안 돼요 80

루이비통, 프랑스에서 이미 샀잖아 92

프라다, 줄 서고 번호표 받으세요 102

구찌, 아웃렛에서 아이템을 찾아라 110

고야드 외, 스테디셀러가 최고다 114

제4장 명품 병행 수입 비즈니스에서 진짜 중요한 것은 수입 신고다

이것이 원산지 작업이다 124

인보이스 작성은 생각보다 간단해 128

패킹, 택스리펀 받을 서류와 반드시 대조하라 132

그래서 택스리펀 안 받을 텐가? 136

프랑스 공항에서 택스리펀 받을 때는 기계로 먼저 가라 142

나는 수입 신고는 무조건 합니다(밀수가 아니에요) 148

관세, 부가가치세, 기타 통관 비용 내고 물건 수령 152

제5장 명품 판매 생각보다 쉽다

사진 촬영, 쓸데없이 스튜디오에서 하다 158

오픈마켓 입점부터 하자 164

권리금 없는 오프라인 매장 발견하다 170

재고가 모자라서 오늘은 일본으로 바잉 간다 174

고객님, 이미 제품 사용하셨는데 반품을 하시면 180

재고 소진율은 몇 프로 186

병행 수입도 A/S가 가능하게 만들자 190

제6장 이제는 다음 바잉을 준비할 시간이다

매출은 잘 나오고 있나 196

유럽 바잉이 부담스러우면 일본 바잉도 괜찮다 202

아이템 공부가 핵심이다 206

이제부터가 진짜 시작이다 212

에필로그 216

제1장

―
해외에 관심을 가지다
―

베이징과의 인연

내 나이 20살, 대한민국 국경을 처음으로 벗어나 보았다. 외고에 지원했으나 떨어졌고, 자존심이 너무 상해서 "나 지금부터 중국어랑 영어랑 일본어 배우러 다닐래."라고 선언하고 가까운 학원에 등록했다. 그렇게 2년이 지난 고3이 되던 해에 친구들은 한참 입시공부로 바쁠 때 "나 베이징대 갈 거야. 국내 대학은 지원 안 할래."라는 폭탄선언을 해버렸다. SKY에 가리라 굳게 믿었던 우리 엄마는 숨길 수 없는 실망감에 아무 말씀도 하지 않으셨다.

그렇게 나는 고등학교 3년 내내 방과 후 중국어, 영어, 일본어 회화 학원만 뺑뺑이 돌며 학과 공부와는 전혀 무관한 언어 공부만 하며 학창시절을 보냈다. 더욱이 그때는 영어와 일본어는 몰라도 중국어는 붐이 일지 않아 배우는 사람이 무척 드물 때였다. 중국어 수업에 들어가면 학생보다는 중국 비즈니스를 하고 계신 나이 많은 어르신들만 계셨다. 그분들은 교복을 입고 들어와서 수업 받는 나를 도리어 신기해하시며 "고등학생인데 시험공부 안 하고 왜 중국어 배우고 있어?"라고 꼭 한마디씩 물어보셨다.

 사실 처음부터 중국에 갈 생각은 없었다. 다만, 반이 바뀌고 새로운 학생들이 올 때마다 같은 질문을 하니 대답하기 귀찮아서 "베이징대 가려고요." 하고 툭 내뱉었던 말이 현실이 되어버렸다. 그렇게 나는 내가 툭 던진 말 한마디와 인연이 맺어져 가깝지만 매우 낯선 중국 베이징에 입성했다.

 제2외국어가 중국어였던 우리 학교에서 나는 중국어를 가장 잘하는 학생이었다. 나만 선행학습이 되어 있었으니 그럴 수밖에. 그래서 아무 망설임 없이 중국 유학을 결심했고, 운 좋게 1년 반의 준비 끝에 베이징대 법학부에 입학할 수 있었다. 법에는 별 관심이 없었지만, 주변에서 '베이징대는 법학부에 입학해서 졸업한 사람이 별로 없대. 지원하지 마.' 라고 하니, 묘하게도 도전하고 싶어졌다.

"한번 해볼까? 내가 졸업하나, 못 하나?"

돌이켜보면 내 인생의 선택은 다 이런 식이었다. 나 자신을 시험해 보고 싶었고, 그냥 한번 내던져 보고 싶었다. '뭐 별거 있어?'라면서.

그러나 베이징에서의 내 생활도 학과 공부도 생각보다 녹록지 않았다. 처음 들어간 헌법 수업, 2시간의 열강, 모든 친구들이 박수칠 때 내 노트에는 딱 다섯 단어가 쓰여 있었다. 그중에서 접속사가 2개, 그러니 엄밀히 말하면 맥락 없이 쓰인 단어 3개가 전부였다. 울고 싶었다.

'여기까지 와서 도대체 무엇을 배우는 거지? 앞으로 무엇을 얻어 갈 수 있지?'

지옥 같은 수업 시간은 계속되었다. 알아듣지도 못하면서 그래도 한번 해보겠다고 앞자리에 앉아서 중국 친구들한테 눈도장을 찍으며 필기도 빌려보고, 친한 척도 하며 수업시간 앞자리를 고수해보았지만, 쉽사리 나아지지 않았다.

내가 선택한 길이라 어디다 하소연할 데도 없어서, 괜히 엄마랑 통화만 하면 징징거렸다.

'엄마, 나 대학 졸업 포기하고 이탈리아, 프랑스, 영국, 스페인에 1년씩 가서 언어나 배우면 안 될까?'

그때마다 다그치지 않고 묵묵히 들어주며 달래준 엄마 덕택인지 고졸 딱지만 가지고 사회에 나갈 자신이 없어서인지 나는 그냥 하루하루 그렇게 버티기 시작했다.

'아무도 도와주지 않아, 다 나 혼자서 해야 해.'

날 도와줄 사람이 아무도 없다고 생각하니 오히려 용기가 나기 시작했다. 뭐지? 조금씩 알아듣기 시작하고, 낯섦이 익숙함으로 하나씩 변해가기 시작하니 이제 졸업하란다. 아슬아슬했지만 결국 중국 친구들과 똑같은 해에 나란히 졸업을 했고, '졸업 못 한다는데 한번 해봐?' 하고 시작했던 도전에서 성공적으로 결실을 얻었다.

그렇게 하루하루 버티면서 현지에 스며들어 보낸 시간 덕분에 난 해외의 낯선 환경과 나와 다른 사람들을 맞이하며 시간을 보내는 것에 대한 두려움이라는 벽이 허물어졌다.

본성을 거스르는 시간

또 한 번의 도전이 시작되었다. 그 어렵다는 졸업장도 받았는데 내가 무엇을 못하리오. 적성에 맞는지 진지한 고민 한 번 없이. 친구들이 모두 취업 준비에 한창일 때 나는 너무 쉽게 새로운 도전장을 냈다.

"전공이 법학인데 라이선스 하나는 있어야지. 라이선스 획득 후에 이 일을 할지 말지는 그때 가서 내가 정한다."

2년이면 끝날 줄 알았던 수험 기간은 총 4년이 걸렸다. 응시 자격을 획득하기 위해 국내 대학에서 학점 이수를 하는 데 1년, 그리고 3년간의 시험 응시.

'에이 뭐야 또 떨어졌네.'

사법시험 준비를 시작할 때도 고민을 했던 것은 아니지만 취업이니 창업이니 이런 진로는 꿈에서조차 생각해 본 적이 없었다. 자꾸만 낙방하니, 막상 앞으로 무엇을 해야 할지 갑자기 막막해졌다. 엎친 데 덮친다고, 든든하게는 아니더라도 겨우겨우 지원해 주시던 아버지의 사업은 바닥이 어딘지 모를 정도로 어려워지기 시작했다.

마지막 준비를 할 때도 마지막으로 한 번만 더 해보자는 마음으로 서울 촌년인 나는 한 번도 가본 적도 없는 영덕에 있는 작은 절에 내려가 공부했다. 과자라도 한 봉지 사 먹으려면 30분도 넘게 으슥한 산길을 걸어야 하고, 치킨이라도 먹으려 하면 하루에 총 3대 있는 버스를 기다리고 또 기다려 나가야 했다.

이때 알아차려야 했다. 나는 한 공간에 가만히 앉아서 일하는 걸 힘들어하는 사람임을. 조금 일찍 알아차렸다면 적성에 맞지도 않는 공부를 하느라 나를 포함한 가족들, 심지어 응원해주는 주변 사람들까지 괴롭혀가며 책상에만 앉아 있느라 힘 빼지 않았을 텐데……. 나는 엉덩이가 아주 새털처럼 가벼운, 새로운 곳을 돌아다니며 그동안 보지 못한 것들을 보고 돌아다닐 때가 가장 행복한 사람이라는 것을 알게 되었다. 사람이 본성을 거스르고 참고 버티며 살다 보면 부작용이 심한 법이다. 그때 내 몰골은 인생의 흑역사 급이었다.

결국 깊은 밤 잠자고 있는 내 손 바로 옆으로 빨간 다리 50개 달린 지네가 스윽스윽 소리를 내며 지나가 주시는 바람에 놀라 일어나 에프킬라 한 통 다 뿌리고 울며불며 절 생활을 정리했다. 그 해 지은 농사는 예상대로 불합격이었고 그렇게 나는 내 본성을 거스르는 삶을 살지 않기로 했다.

스타트업 무역 에이전시 직장인

/

 본성을 거스르지 않기로 했지만, 선뜻 '무엇을 해봐야지.'라는 생각은 들지 않았다. 일단, 중국에서 패션 잡화를 수입해 팔고 있는 편집숍에 알바로 들어가 '우와 나도 나중에 이런 거 하나 운영해보고 싶다.' 하며 하루를 보내고 있었다. 그러던 중 엄마 지인분이 중국 무역 비즈니스를 시작하려고 하시는데 급하게 중국어 통역을 찾고 있다고 하셔서 우연히 동행하게 되었다. 잠깐 나갔는데 일당 10만 원. 나쁘지 않았다.

 세상에 의미 없이 그냥 일어나는 일은 없는 법. 그리고 통역 알바를 한 다음 1달째 되던 날, 난 내가 통역했던 중국 비즈니스를 주로 하게 되는 스타트업 무역 에이전시에 채용되었다. 회사의 설립일과 내 입사일이 7일밖에 차이 나지 않는 스타트업 회사에. 사실 처음에는 내가 하는 일이 무엇인지 정확히 알지도 못했다. 중국 전자부품 회사의 한국 에이전트가 되어 삼성, LG, SK 등에 납품할 수 있도록 돕는 일. 그리고 샘플을 주고받고, 필요한 것을 보내주고, 요청하는 것을 받는, 그런 일이었다.

따지고 보면 지금 하고 있는 소호 무역보다 한 단계 더 높은 레벨인 오퍼를 미리 경험했던 셈이다. 아무것도 모르지만 찾고 물어서. 무역이 별건가? 샘플 받고 보내는 것, 중간 TEST를 위해 양산 전 제품들을 주고받을 때 인보이스와 패킹리스트 만들고 관세사한테 연락해서 도움을 요청하는 일이다. 중간에 제3자 무역이라고 복잡한 일들도 있었지만 따지고 보면 별거 없었다.

중국 출장은 아주 잦았다. 안 그래도 한국에 들어온 지 한참 되어 몸이 근질근질했는데 기회가 좋았다. 신났다. 급여는 많지 않지만 해외에 많이 나가는 일이라 큰 불만 없이 일했다.

중국도 자주 갔고, 중국에 가지 않더라도 주로 중국 거래처들과 통화하고 메일을 주고받는 업무가 대부분을 차지했기 때문에 내 인생의 중국어는 이때 완성된 것 같다. 오히려 학교 다닐 때보다 더 술술 나왔으니까. 그렇게 다져진 중국어를 지금 유럽과 일본에서 이렇게 유용하게 쓰며 비즈니스를 하게 될 줄은 그때는 알지 못했다.

해외 온라인 마켓에 기웃거리다

사무실에서의 일이 조금씩 수월해지니 또 몸이 슬슬 근질거리기 시작했다. 일이 편해지니 문득 '갑자기 왜 나는 이 월급만 받고 일해야 하지?', '그리고 왜 나는 월차가 없지?', '오늘은 일이 없는데, 나가지도 못하고 사무실에 갇혀 있어야만 하지?'라는 생각이 들기 시작했다. 당장 그만둔다고는 못 하고, 내 나름대로 독립하기 위한 준비를 하나씩 해나갔다.

하고 있는 일이 하고 있는 일인지라, 중국 비즈니스 중 만만하게 보이는 타오바오에 입점해 보자고 결심했다. 중국어는 익숙하니까 가입은 어렵지 않게 술술 해나갈 수 있었다. 문제는 최종 승인이 되려면 중국 현지 은행에 내 계좌가 있어야 한다는 점이었다. 그길로 주말 베이징행 비행기를 타고 중국에 가서 은행 계좌 3개를 열고 왔다. 중국에서 나랑 룸메이트로 있었던 고등학교 친구랑 가벼운 마음으로 역할을 나누어 전자상거래 타오바오에서 내 물건을 올려 팔며 운영하기 시작했다.

전자상거래 비즈니스는 처음이라 그야말로 우왕좌왕의 끝판왕이었다. 중국 친구들이 한국 화장품과 옷을 좋아한다는 것을 익히 들어 알고 있었다. 그래서 국내 도매 시장에서 사들여와 사진 찍어 포토샵으로 작업해 하나씩 올려보았다. 매출은 0, 무엇을 올려도 매출은 오르지 않았다. 검색했을 때 우리 제품이 몇 페이지에 나오는지 인내심을 가지고 넘겨도 보이지 않았다 '이러니 뭐가 되냐고.' 설사 매출이 일어나기 시작해도 그 물건 수급을 어떻게 할지 가이드라인도 없는 상태라 막막했다.

이렇게는 안 되겠다 싶어서 본격적인 사업을 위해 퇴사했다. 플랫폼 하나로는 불안했다. 싱가포르 QOO10이 그나마 매출이 쉽게 나올 수 있는 플랫폼이라고, 어디서 들은 것이 있어서 같이 해보기로 했다. 두 곳의 플랫폼에 입점한 지 4개월, 이미 내가 받은 월급에 퇴직금까지 모두 탈탈 털리고 없었다. 어디다 손 벌릴 곳도 없이 혼자 나와 생활하고 있었기 때문에 그렇게 시작한 첫 번째 창업은 더 이상 이어갈 수가 없게 되었다.

직장인, 다시 퇴사하기로 결심하다

살기 위해서 다시 두 번째 회사로 이직했다. 항상 내가 가진 것에 비해 좋은 기회가 자주 왔다. 이력서를 낸 지 일주일 만에 채용이 확정되어 수월하게 두 번째 회사에서 일할 수 있게 되었다. 중국과 관련한 다양한 비즈니스를 하는 컨설팅 회사였다. 주로 중국 관련 정부 사업을 수행하고, 중국에 진출하려고 하는 혹은 현재 진출해 있는 회사의 법 이슈 컨설팅, 대중국수출 화장품 위생 허가, 전자기기 인증, 바이어 발굴, 기타 마케팅 등을 도와주는 일을 하는 했다.

직접적으로 무역을 하는 회사는 아니었지만 해외 비즈니스를 하고 있는 회사를 서포트하는 일이었다. 처음 해 보는 일도 있고, 국가 간 적용되는 법이 달라 벌어지는 해프닝이 많아 힘들기도 했다. 그래도 프로젝트를 하나씩 끝마치고 나면 배움이 있고, 어제보다 오늘 더 성장했음을 느낄 수 있는 회사였다. 본성을 좀 거스르기는 하지만 오래 다닐 수 있지 않을까 기대해봤다.

 그러던 중 원래부터 기웃거렸던 글로벌셀러연구소에서 주최한 명품 비즈니스 사업 세미나에 참가하게 되었다. 그때 뭔지 알 수는 없지만 내 본성을 아주 잘 살려 일할 수 있는 일이라는 확신이 들었다. 꼭 잡아야 하는데……. 돈이 문제였다. 현장 컨설팅 비용 자체도 비쌌을 뿐더러 직접 유럽에 나가려면 비행기 표를 비롯한 경비, 바잉 비용 등을 모두 합쳐 못 들어도 5천만 원 정도는 필요했다. 어떻게 하지? 나 꼭 가고 싶은데…….

직장인, 공부하다가 창업하다

/

"하나님 저 꼭 해보고 싶어요. 어떻게 방법이 없을까요?"

살면서 가끔은 말로 설명할 수 없는 느낌이 올 때가 있다. 원래도 A부터 Z까지 따져보고 오래도록 고민하는 성향이 아니긴 하지만, 이번에는 당장 할 수 있는 여건이 안 되는데도 한번 꼭 해보고 싶었다. 왜냐고? 일단 자유롭게 돌아다닐 수 있었다. 거기다 그 자체가 일이 되니 내 본성에 아주 충실한 일이 될 터였다. 짧은 시간이었지만 전자상거래 플로어는 대략 익혀둔 상태였고, 다른 아이템들보다는 진입 장벽이 있어 경쟁이 덜해 경쟁력이 충분하다고 생각했다. 그리고 외국어도 좀 해야 하고 적어도 장거리 비행에 고소공포증도 없어야 하고 위에서 언급한 적지 않은 돈도 있어야 하니까.

아무리 확신이 있어도 비즈니스는 뚜껑을 열어보기 전까지는 모른다. 대략 4~5천만 원쯤 투입되니 망해도 명품이 수두룩하게 쌓이는 거고 다 손해나 봐야 4~5천. 명품 재고가 있으면, 온몸에 휘감고 다니면서 된장녀가 되어 보는 것도 나쁘지 않다고 생각했다. 지인들에게 명품을 선물하면서 서로 행복해하면 좋을 테고. 비싼 유럽에 신나게 다녀왔다고 치면 되는 거였다. 그런 가치들과 바꾸는 거라면, 다시 벌어서 갚겠다는 생각으로 남자 친구와 엄마를 설득해 투자를 받았다. 여유 자금을 위해 퇴사하기 직전 신용대출을 받기도 했다. 그렇게 프랑크푸르트행 비행기에 올라탈 수 있었다.

그동안 창업을 준비하는 과정에서 궁금하고 불안해서 세미나도 많이 참가했고, 다양한 컨설팅도 많이 받았다. 배움에는 끝이 없다.

글로벌셀러 창업특강, 해외구매대행 그룹 컨설팅, 일본 소호무역 세미나, 해외 판매 싱가포르 QOO10 그룹 컨설팅, 동대문 사입 투어, 아이템 선정에 도움이 될까 하여 들었던 속옷 패턴 디자인 제작 그룹 교육, 맞춤코르셋 제작 그룹 교육, 메이크업 6개월 및 업스타일 3개월 실습교육, 전자상거래 플랫폼에서 제공하는 각종 마케팅, 광고 교육, 온라인 마케팅 특강, 유튜브 제작 교육, 그리고 명품비즈니스 컨설팅까지. 자랑도 아니지만 딱히 뭐 이렇게 많이 들었냐고 욕먹을 일도 아니다. 심지어 대출까지 받아가며 들었던 강의들도 있다. 비록 모든 과정을 100% 소화해냈다고 할 수는 없지만 새로운 경험과 가치들을 힘 덜 들이고 느낄 수 있는 좋은 계기들이 되었다. 기회가 된다면 독자분들도 돈 아깝다고 생각하지 말고 들어보시길 바란다. 다른 것은 몰라도 경험은 확장된다.

제2장

나는 오늘도 해외로 명품 사러 간다

유럽은 처음이지만

대학 생활을 해외에서 하기도 했고 방학 때 한국에 들어와 봐야 특별히 할 일도 없었다. 방학을 이용하여 싱가포르, 타이완, 캐나다, 일본, 말레이시아, 홍콩 등을 자유롭게 여행했다. 학기 동안 쓰고 남은 생활비를 모아 여행해야 했기 때문에 배고픈 여행을 해왔다. 함께 여행길에 오른 친구들이 기념품이나 지인 선물을 사고, 개인 쇼핑을 할 때 나는 충분한 여비가 없어서 할 수 없었다. 대신 새로운 나라에 가면 방문하는 도시 시내에서 가장 스타일리쉬해 보이는 미용실에 무작정 가서 커트 한 번 하는 것이 여행지에서 내가 내게 주는 선물이었다.

일부러 그랬던 것은 아닌데, 여행하고 보니 대부분 아시아 국가들이었다. 이 일을 시작하기 전까지 유럽 배낭여행 한 번 못한 것이 내내 아쉬웠는데, 아쉬움이 사라지는 시간이었다.

그리고 유럽은 지금까지의 여행과는 달랐다. 내가 이제까지 손에 쥘 수 있었던 돈 중 가장 많은 돈(물론 단순히 현금만을 의미하는 것이 아니라 천만 원 이상의 한도가 채워진 카드 몇 장까지 합해서)을 지니고 떠난 바잉 '여행'이었다. 내 생애 첫 유럽 여행은 그렇게 시작되었다.

'신난다! 돈도 벌고 여행도 하고 이렇게 기특한 일이 어디 있더냐. 역시 오늘도 행운의 여신은 내 편인 것이 틀림없다.'

독일 항공기인 루프트한자 비행기를 타고 대략 12시간 정도의 비행 끝에 독일 프랑크푸르트 공항에 도착했다. 비행기 타는 것을 평소에도 아주 사랑하지만 정말 하루 4끼 기내식을 먹는 것으로 그렇게 속이 뒤집힐 수 있다는 사실은 처음 알았다. 땅에 발을 디디지 못하고 허공에 떠 있는 시간이 길어지면 나는 몸이 유독 팅팅 붓는 사람인 것도 처음 알았다.

비행기는 순조롭게 착륙했다. 입국 심사도 방문 목적과 체류 기간을 묻기에, 9박 10일 여행할 예정이라 대답하고 돌아갈 항공 티켓을 보여 주니 별말 없이 통과다. 인상이 좀 거칠어 보이면 좀 더 꼬치꼬치 묻는 경우도 있단다. 자기가 봐도 자기 인상이 좀 거칠다 싶으면 생각보다 많은 질문을 해 올 수도 있으니 마음의 준비는 해두자. 죄지으러 가는 거 아니니까 쫄지는 말고.

 그렇게 내 두 발로 프랑크푸르트 땅을 밟고, 공기를 마시니 그렇게 흥분될 수가 없었다. 입체적인 마스크와 훤칠한 키를 자랑하는 사람들, 자기만의 철학 하나쯤은 가슴에 품고 살 것만 같은 독일 사람들의 독일어가 유독 멋지게 들렸다. 뭔가 더 지적인 것 같았다. 알아듣지도 못하면서 말이다. 게다가 이게 말이 되나? 길거리에 돌아다니는 택시마저도 벤츠다.

 럭셔리에 대한 동경 따위는 딱히 없었지만, 없던 허영마저도 생길 듯한 이 분위기. 일하러 온 본분도 잊게 할 만큼 설레었다.

유럽 바잉 가기 전에 챙겨가야 할 것들

한국을 떠나기 전, 짐은 최대한 가볍게 꾸리라는 미션이 내려왔다. 수납공간이 많은 가장 큰 빈 배낭, 지갑, 여권 간단한 소지품을 넣을 수 있는 미니멀한 사이즈의 크로스백 그리고 기내용 캐리어 하나로 모든 짐을 최소화해야 했다. 적게 가지고 간다고 했음에도 난 쓸데없이 옷도 너무 많이 들고 갔다. (지금은 딱 2벌 들고 가고 첫날 아웃렛에 가서 사 입는다.) 너무 많이 들고 가면, 돌아올 때 다 버려야 하는 수도 생기니 꼭 필요한 것들만 챙겨가자.

독일의 조용하고 깨끗한 숙소에 도착해 <유럽 바잉 전에 꼭 챙겨가야 할 준비물 리스트>대로 챙겨 온 짐을 풀기 시작했다.

<유럽 바잉 전에 꼭 챙겨가야 할 준비물 리스트>

1. 각 한도 1,000만 원인 비자카드 1장, 마스터카드 1장, 아메리칸 익스프레스 카드 1장(각 카드의 한도가 1,000만 원 이상이면 좋다. 바잉 후 결제할 때 보통 한 매장에서 천만 원 이상 바잉할 때가 많은데 카드를 나누어 결제하려면 번거롭다)

2. 여분의 한도 낮은 카드 2장, 숙소비, 식사비, 비상금은 현금으로 준비(대부분 카드가 되긴 하는데 부득이 현금이 필요할 때가 있다. 그리고 유럽에서는 휴게실 화장실도 돈을 내야 들어갈 수 있다.)

3. 청담동 며느리룩 같은 소위 있어 보이는 옷 몇 벌과 구두, 편한 잠옷, 속옷

4. 실, 바늘, 원산지 테이프, 양면테이프, 가위, 핀셋, 체중계, 박스테이프, 박스 혹은 대형 캐리어

5. 기내용 캐리어(보통 택스리펀 해 주는 곳이 밖에도 있고 입국장 안에도 있는데 밖에서 택스리펀이 거절될 만약의 상황을 대비하여 준비한다.)

6. 노트북

7. 세면도구

8. 압축팩(의류 담아올 때 사용)

9. 명판 찍은 사업자등록증 사본(첫 수입통관 시 필요)

10. 상시 메고 다닐 수 있는 작은 사이즈 크로스백, 수납공간 많은 큰 사이즈 백팩

11. 와이파이도시락 또는 유심카드

12. 멘탈과 체력(가장 중요함)

나머지는 필요하면 현지에서 조달하면 된다.

호텔을 이용하면 당연히 세면도구는 챙겨가지 않아도 된다. 민박을 이용할 경우, 수건은 대부분은 있는데 세면도구나 샤워용품이 없는 경우도 있으니, 민박을 이용할 예정이라면 챙겨가야 한다.

아우토반 휴게소에서 아침을

프랑크푸르트 공항에 내렸을 때만 해도 유럽의 럭셔리한 숙소와 여유 있는 식사를 상상했었다. 하지만 현실은 기대 이상이다. 럭셔리함과 여유는 눈 씻고 찾아볼 수 없다. 그야말로 전쟁이다. 보통 오픈 시간보다 30분~1시간 정도 일찍 아웃렛이나 매장에 도착할 수 있게 계획을 짜고 출발해야 한다. 1번으로 들어가서 여유 있게 구경하며 좋은 물건을 먼저 바잉하기 위해서다.

그래서 아침 식사는 주로 매장 근처에 있는 작은 카페에서 크루아상과 커피로 한다. 거하게 먹을 수 있는 곳도 없고, 시간도 없다. 다들 제품을 보는 눈은 비슷하다. 잘 팔리는 좋은 제품은 순식간에 내 눈앞에서 사라져버린다. 그래서 인기 좋은 제품을 하나라도 더 챙겨 오려면 스피드와 눈치가 생명이다.

점심과 저녁 식사는 대부분 이동하다 보이는 고속도로 휴게소에서 끝낸다. 오 마이 갓! 식사 시간도 20분 이내로 끝내야 한다. 나는 먹는 속도가 빠르지 않아서 주로 크루아상, 소시지 혹은 햄버거와 에스프레소 커피 위주로 먹고 마신다. 화장실도 이때 잠깐 다녀온다.

물론 중간중간 바잉이 일찍 끝나는 날도 있다. 그럴 때는 휴게소 말고 다른 레스토랑을 찾는다. 블로그도 찾아보고, 숙소에 물어보기도 한다. 그날은 신나는 날이다. 며칠간 긴장하며 바잉을 해서 지쳤기 때문에 유럽 현지 맥주도 한 잔 마시며 그 시간만큼은 긴장을 조금 풀어본다. 어디를 가야 할지 잘 모른다면, 중식당에 가는 것도 좋은 방법이다. 오래전부터 중국인들이 없는 지역이 없는데 대부분 그들이 운영하는 오래된 중식당은 무엇을 시켜도 먹을 만하다고, 평타 이상은 친다고 현지에 오래 있었던 선배들이 말해줬다.

숙소는 호텔을 이용해도 되고 민박을 이용해도 된다. 가격 차이는 조금 있지만 호텔을 이용하면 바잉 후 딜리버리 서비스를 이용할 수 있다는 장점이 있다. 그러나 나는 믿음직한 한국인 사장님이 현지에 적을 두고 운영하는 한인 민박을 많이 이용하는 편이다. 고가의 물건들을 대량으로 구매해 숙소에 두고 이동하는 날이 많다 보니 오히려 만에 하나 스태프의 관리로 물건이 손 탈 수 있는 호텔보다 마음이 편하다. 저녁 식사로 한식이 제공되는 장점도 있다. 바잉하다 보면 매번 먹을 수 있는 것은 아니지만 시간 맞는 날은 숙소에서 식사를 하며 경비를 아낄 수도 있다.

그리고 나는 가능하면 1인실을 사용한다. 사실 1인실을 사용하든 4인실을 사용하든 크게 상관은 없다. 그렇지만 다양한 사람이 함께 사용하다 보니 움직이는 시간이 다른 경우가 많다. 내 움직임으로 다른 사람들에게 피해를 줄까 신경이 쓰여 나는 1인실을 선호한다.

차를 렌트해서 다닐 거면 숙소의 위치가 크게 문제되지 않지만, 대중교통을 이용해 이동할 예정이라면 대중교통을 이용하기 좋은 지하철역이나 버스정류장 근처에 있는 숙소를 찾는 것이 현명하다. 단순히 여행을 위한 여행이 아닌 이상 이동하는 일에 너무 에너지를 쏟아 얻을 것이 별로 없지 않은가.

복장은 청담동 며느리룩으로

유럽 바잉 전에 선배가 그렇게 당부하고 또 당부했던 것이 있다. 옷 잘 입고 와야 한다고. 스타일 좋은 유럽 패션이나 청담동 며느리룩 관련 SNS도 찾아보고 연구도 해서 오라고 했다.

처음에는 나도 '아, 뭐야. 내 돈 주고 가서 내 돈 내고 사겠다는데 그런 것까지 신경 써야 해?' 하고 생각했다. 그래도 준비하라고 하니 일단 몇 벌 준비했다. 유럽 처음 간다고 촌스럽게 새 옷도 몇 벌 샀다. 나름 철저하게 준비한다고 준비했다. 그러나 지금 그때 사진을 보면 쥐구멍에 숨고 싶은 일명 '듣보잡 패션'을 하고 있어 보자마자 나자빠질 뻔했다. 왜 그런 거 있지 않나. 무엇인가 준비해야 하는 자리, 잘 보여야 하는 자리, 꾸며야 하는 자리에 신경을 쓸수록 더 촌스러워지는 것.

그때가 딱 그랬다.

그때 그렇게 신신당부했던 선배는 뭐 이리 거지같이 입고 왔냐고 했다. 우스갯소리로 하는 줄 알았는데 진짜였다. 사실 겉모습이 뭐 그렇게 중요하겠는가? 그렇지만 초대받아 가는 사람이 최대한 깔끔하게 하고 것이 최소한의 예의라 생각하면 딱히 이상할 것도, 거북스러울 것도 없다. 유럽 명품 매장들을 방문하다 보면, 각 매장의 판매자나 그곳의 스태프들 모두 자신이 속해 있는 브랜드에 대한 자부심이 매우 강하다는 것을 느낄 수 있다. 매장 곳곳에 놓은 작은 소품 하나 허투루 놓은 것이 없다. 물 한 잔을 내어주더라도 그 물이 담긴 잔 하나, 트레이 하나도 세심한 신경을 써서 내놓는다.

샤넬 매장을 처음 방문했을 때였다. 샤넬 매장에서는 판매자의 응대를 기다리는 동안 음료와 작은 간식을 내어주곤 하는데, 샤넬을 대표하는 동백꽃 까멜리아를 장식해서 가져다줬다. 별거 아닐 수도 있지만, 이런 작은 부분까지 신경 써서 예뻐 보이게 내어주어 예쁜 물을 마시고 있는 것처럼 느껴졌다. 원래 사람은 작은 것에 더 감동한다. 그곳에 있는 사람들은 브랜드의 가치를 반영하여 정성스럽게 최고로 잘 차려놓은 자신들의 공간에 손님을 초대한다고 생각한다.

그리고 우리는 그러한 공간에 초대되어 가는 것이므로 그에 걸맞게 잘 갖추어 입고 가는 것이 초대한 사람들에 대한 최소한의 예의다. 결혼식에 초대받아 갈 때도 그렇고 새집으로 이사한 친구 집들이에 초대되어 갈 때도 트레이닝 바람으로 가지는 않는다. 그렇다고 평소 가지고 있지도 않는 명품으로 머리부터 발끝까지 휘감으라는 이야기는 아니다. 너무 오버할 필요도 없다. 강한 거부감을 드러낼 필요는 더더욱 없다. 이왕 가는 거 기분 좋게 잘 차려입고 제대로 대접받자.

오늘 동선은 아웃렛 찍고 정매장

현지에서 제품을 바잉하는 방법에는 직접 발로 뛰면서 해당 매장에 방문하여 제품을 바잉 하는 방법과 현지 멀티숍들과 계약을 맺고 멀티숍에 시즌 오더를 넣어 제품을 받는 방법이 있다.

수억의 돈을 가지고 있지도 않을뿐더러, 다양한 판로를 확보하지 못한 나 같은 초보 사업자는 멀티숍에 시즌 오더를 넣어 계약하는 방법은 잠시 미뤄두고, 직접 발로 뛰며 바잉부터 시작해야 했다. 왜냐하면 멀티숍과 계약을 하면 계약에 따라 잘 팔릴지 안 팔리지 모르는 상품을 일정 비율 이상 받아야 하고, 6개월~1년 정도 전에 선주문을 하면서 미리 큰돈을 넣어 묶어두어야 한다. 이는 초보자가 하기에는 감당해야 할 위험부담이 너무 크다. 그래서 직접 발로 뛰는 바잉을 하기로 결정했다면 하나 더 정해야 할 것이 있다. 아웃렛 위주로 바잉할 것인지 국내 매장에 몇 점 안 들어와 현재 귀하게 거래되어, 프리미엄이 붙어 판매되는 정매장 제품 위주로 바잉할 것인지 결정해야 한다. 그래야 그에 맞는 동선을 짤 수 있다.

  나는 첫 바잉을 시작할 때 아웃렛 위주로 바잉하고 정매장 제품을 조금 추가하는 바잉 계획을 세우고 움직였다. 독일, 네덜란드, 벨기에, 이탈리아, 스위스, 프랑스, 유럽 6개국을 돌며 바잉하는 동선이었다.

  독일에서는 벤츠가 국민 차일 정도로 흔하다. 당시 렌트한 차 역시 벤츠였다. 덕분에 벤츠를 타고 원 없이 유럽 6개국을 달리고 또 달렸다. (아, 나는 저때 운전면허가 없었다. 컨설팅해 주신 선배가 운전하는 차에 동승했다. 내가 운전을 안 해서 몸이 더 편했을 것이다. 선배는 레드불 음료를 잔뜩 사서 마시면서 운전했었다. 미안했어요!)

  바잉은 프라다와 구찌에 괜찮은 제품이 많다는 독일의 아웃렛에서부터 시작되었다. 오후에 프랑크푸르트 명품거리의 정매장을 잠깐 들러 시즌 백들을 둘러보았다. 나머지 8일의 일정인 네덜란드, 스위스, 벨기에, 이탈리아, 프랑스에서도 대부분 오전에는 아웃렛에서 바잉하고, 오후에는 정매장을 틈틈이 방문하는 일정으로 진행되었다.

9일간의 바잉으로 보낸 시간 중, 이동하며 보낸 시간이 가장 많았던 것 같다. 비록 옵션 없는 깡통 벤츠를 렌트했지만, 편하게 탔고 신나게 달렸다. 하루에 많게는 9시간을 차로 이동할 때도 있었다. 덕분에 유럽 풍경 구경은 많이 했다. 내가 운전하지 않아서 온전히 창밖을 구경할 수 있는 시간도 많아 행운이었다. 신이 축복한 아름다운 풍경을 가진 스위스에 감탄했고. 언젠가 한 번쯤 꼭 스위스에서 몇 달 살아보고 싶다는 생각도 들기도 했다.

만약 국내에서 구하기 힘들어 프리미엄이 붙는 정매장 제품들 위주로 바잉하고 싶다면 6개국까지 돌 필요는 없고 프랑스와 이탈리아 정도만 바잉하면 충분하다. 프리미엄이 붙는 대표적인 브랜드는 에르메스, 샤넬, 루이비통이다. 이 3개 브랜드 매장은 프랑스에 가장 많기 때문이다. 각 매장에는 매일 제품이 입고되는데 본사가 프랑스여서 그런지 프랑스 매장들이 가장 종류도 다양하고 찾는 물건의 재고가 있는 경우가 많았다. 내가 원하는 제품을 바잉할 기회가 더 많다. 프랑스에 샤넬 매장만도 9곳, 에르메스 3곳, 루이비통 4곳이 있다.

그리고 프랑스, 이탈리아의 정매장 위주로 바잉할 때는 굳이 차를 렌트하지 않고 대중교통을 이용해도 충분하다. 바잉 나갈 때는 지하철이나 버스 등 대중교통을 이용하고, 제품 바잉 후에는 우버를 이용하여 귀가하면 된다. 명품 쇼핑백을 양손 무겁게 들고 여기저기 돌아다니거나 대중교통을 이용하면 강도들의 타깃이 될 수 있기 때문에 안전하게 우버나 택시를 이용해야 한다. 호텔에 묵고 있으면, 딜리버리 서비스를 이용하면 좋다.

물론 각자의 사정에 따라 선호하는 것이 다를 것이다. 나는 같은 일이면 적게 고생하고 손이 덜 가는 쪽을 선호한다. 그래서 내가 두 가지 방법으로 바잉을 해 본 결과, 적은 수량이나 비싼 물건을 사고, 상대적으로 마진이 좋은 프리미엄이 붙는 정매장 제품을 바잉하는 쪽이 편하고 잘 맞았다. 대신 어떤 제품이 요즘 구하기 힘들고 잘 나가는 제품인지, 더욱 열심히 조사해야 한다.

제3장

본격적으로 바잉을 시작하다

에르메스, 예약은 필수다

솔직히 말하면, 에르메스는 이 일을 시작하기 전에는 관심조차 없었던 브랜드였다. 에르메스라고 읽는지 헤르메스라고 읽는지도 헷갈릴 정도였다. 평소 존경하던 삼촌께 넥타이 선물을 할 기회가 있었다. 그때는 삼촌이 오렌지색 넥타이를 좋아하셔서 구매했는데, 그냥 찾던 오렌지색 넥타이가 있는 매장이라고 기억했다. 그게 에르메스 넥타이였는데 말이다. 에르메스인 줄도 모르고 있다가, 나중에서야 그때 선물한 것이 에르메스 넥타이인 것을 알았다.

에르메스는 명품 중의 명품. 즉 명품의 꽃이다.

에르메스에는 기본적으로 가죽, 시계, 넥타이, 스카프, 여성복, 남성복, 신발, 장갑, 향수, 주얼리 그리고 인테리어 품목이 있다. 좋은 소재를 사용하여 수작업으로 만든 제품들이 많다.

에르메스는 제아무리 돈이 많아도 살 수 없는 제품도 있다. 대표적으로 버킨백이나 켈리백이 있다. 트럭으로 돈은 가지고 가도 물건을 내어주지 않는 것으로 유명하다. 아무나 가질 수 없는 브랜드 제품임을 철저하게 마케팅하는 신비주의 브랜드다.

켈리백

1956년 모나코 왕비 그레이스 켈리가 임신으로 만삭인 배를 가리기 위해 에르메스 가방을 든 사진 실리게 되면서 이 가방이 인기를 얻게 되었다. 이후, '그레이스 켈리'의 이름을 따 '켈리백'이라 불린다.

<출처: 에르메스 공식 홈페이지>

사이즈

25, 28, 32, 35

* 백의 하단 길이가 각 25cm, 28cm, 32cm, 35cm이다

가죽 소재

토고, 앱송, 클레망스, 피요드, 크로커다일, 오스트리치 등

버킨백

영국 배우 제인 버킨이 어느 날 기내 좌석에 앉아 밀짚 가방에서 플래너를 꺼내다 소지품을 쏟았는데, 그 모습을 우연히 보게 된 에르메스 회장이 수납이 잘 되는 가방을 제작해 주기로 했다. 제인 버킨의 모습에 영감을 받아 만들어졌다고 해서 '버킨백'이라 불린다. 버킨백은 한 명의 장인이 약 48시간을 매달려야 1개를 만들 수 있다고 한다.

<출처: 에르메스 공식 홈페이지>

사이즈

25, 30, 35, 40

* 백의 하단 길이가 각 25cm, 30cm, 35cm, 40cm이다

가죽 소재

토고, 앱송, 클레망스, 피요드, 네곤다, 바슈, 크로커다일, 오스트리치 등

2년 동안 나는 아직 켈리백이랑 버킨백은 받지도 못했다. 진열된 블랙 컬러 버킨백을 구경만 해본 것이 전부다. 참고로 진열된 제품은 판매하지 않는다고 한다. 내가 물어봤을 때는 그렇게 대답했는데 실제로도 그런지는 모를 일이다.

사실 나 같은 초보 사업자뿐만 아니라 베테랑 사업자들도 에르메스 켈리백이나 버킨백을 받기 위하여 끊임없이 도전 중이고, 한 번이라도 받아보았던 사업자들은 더 받으려고 노력 중이다. 여권 번호를 보고 구매 이력을 검색하여 해당 제품을 한 번이라도 구매해 봤던 사람은 오히려 이 제품을 얻을 기회가 많아진다.

프랑스 파리 에르메스 본점은 담당 판매자의 응대를 받으려면 반드시 예약이 필요하다. 내가 2016년 처음 바잉 갔을 때만 해도 매장에 들어가서 이것저것 구경하다 판매자의 응대를 받을 수 있었다. 그런데 지금은 미리 온라인상으로 예약을 하여 담당 판매자가 정해지고, 응대받을 수 있는 시간이 정해져야, 비로소 매장에서 판매자의 응대를 받을 수 있다. 에르메스 백 구하기가 점점 더 하늘의 별따기처럼 어려워지고 있다.

파리 에르메스 본점

24 Rue du Faubourg Saint-Honoré, 75008 Paris, France

온라인 예약 가능한 사이트 주소

www.hermesfaubourg.com/client/register

온라인 예약은 최소 방문 1일 전에 미리 해야 한다.

에르메스 세브르 매장

17 Rue de Sèvres, 75006 Paris, France

이곳은 온라인 예약은 받지 않고 무조건 방문 예약만 가능하다.

에르메스에서 버킨백이나 켈리백을 얻을 확률을 높이려면, 자주 방문하여 가방 외에 인기 없는 그릇류, 의류, 스카프류들을 사두고, 친한 판매자들을 만들어 그들과 관계를 잘 유지해야 한다. 그러면 그때는 원하는 가방을 받을 기회가 높아진다. 만약 이때 유창한 불어나 영어까지 가능하다면 금상첨화다.

가족 단위로 가거나 커플 단위로 갔을 때 잘 주더라는 경험담도 들었다. 그러나 나는 역시나 아직 경험해 보지 못했다.

버킨, 켈리 외에도 인기가 좋은 제품으로 린디, 가든파티, 피코탄, 에블린 등이 있다. 이 가방들도 사이즈, 컬러에 따라 거래가가 달라 매장 방문 전에 사전 조사가 필요하다. 아래에 가장 기본적인 정보를 남기니 바잉 전에 참고하길 바란다.

프랑스 에르메스 주소는 해당 국가에 도착하여 구글 맵으로 검색하면 지역에 있는 매장 주소와 가는 방법이 아주 상세하게 나온다. 구글 맵을 활용하면 어느 곳이든 어렵지 않게 찾을 수 있다. case by case이긴 하지만, 기본적으로 에르메스에는 구매 제한 수량이 정책은 있다고 한다. 하지만 담당 판매자에게 물어도 정확하게 그 기준에 대해 이야기해 준 적이 없다.

린디

<출처: 에르메스 공식 홈페이지>

사이즈
26,30,34
* 백의 하단 길이가 각 26cm, 30cm, 34cm이다

가죽 소재
토고, 클레망스, 스위프트, 미죠레, 네곤다 등

가든파티

<출처: 에르메스 공식 홈페이지>

사이즈

30, 36

* 백의 하단 길이가 각 30cm, 36cm이다

가죽 소재

토고, 클레망스, 네곤다 등

피코탄

<출처: 에르메스 공식 홈페이지>

사이즈
18, 22, 26

* 백의 하단 길이가 각 18cm, 22cm, 26cm이다

가죽 소재
토고, 클레망스 등

에블린

<출처: 에르메스 공식 홈페이지>

사이즈

tpm(16), pm(29), gm(33)

* 백의 하단 길이가 각 16cm, 29cm, 33cm이다

가죽 소재

토고, 클레망스 등

샤넬, 클러치 5개는 안 돼요

샤넬은 평소 명품에 관심 없는 사람들도 한 번쯤은 들어 알고 있는 유명한 브랜드다.

개인적으로 샤넬을 구매하면 쇼핑백이나 박스 패키지에 빠짐없이 붙여주는 동백꽃 까멜리아의 인상이 강해서인지 디자인이 가장 여성스러운 명품이라 생각된다. 샤넬의 인기가 어느 정도인가 하면, 제품 케어센터에 하루가 멀다 하고 연락을 해야 한다. 그리고 원하는 모델의 제품이 입고되는 날에는 해당 백화점에는 새벽부터 순서대로 줄을 서 있다가 오픈 시간과 동시에 눈썹 휘날리게 달리기를 해야 할 정도이다. 결국 달리기 빠른 상위 랭킹의 소수만이 해당 제품을 쟁취할 수 있다. 발 빠른 리셀러들은 줄서기로 프리미엄을 챙기기도 한다.

국내 샤넬 매장에는 소량의 제품만 입고된다. 그래서 줄서기와 달리기에 지친 고객, 또는 그럴 여건이 되지 않지만 샤넬을 사랑하는 전국의 수많은 고객은 프리미엄이 붙은 가격으로 병행 수입 제품을 구매하기도 한다.

여느 명품 매장과 마찬가지로, 샤넬도 들어가서 먼저 '여기요, 저 이 제품을 찾고 있는데요.' 하면서 다짜고짜 판매자를 불러 꼭 찍어 해당 제품을 찾으면 그날은 아마 빈손으로 오게 될 것이다. 응대를 안 해주거나 품절이라고 둘러대며 아무것도 주지 않을 것이다.

오히려 천천히 주위를 둘러보며 구경하고 있으면 담당 판매자가 도움이 필요하냐며 먼저 찾아온다. 그때 선물을 하려고 하는데 한다거나 이러저러한 제품을 원한다고 말하는 것이 좋다. 그러면 판매자는 제품의 재고 여부를 확인하고 해당 제품을 찾아 가지고 올 것이다.

내가 방문했을 때, 판매자가 다른 고객들을 응대하느라 바쁜 경우에는 그 응대가 완벽히 끝날 때까지 내게 오지 않으므로, 여유를 가지고 천천히 둘러보며 기다리면 된다. 그럼 매장의 다른 스태프가 음료나 쿠키들을 제공하며, 앉아서 기다릴 수 있도록 도와준다.

급하다고 매장에 들어가자마자 만나는 판매자나 스태프에게 "저 이거 필요한데 있어요?"라고 다짜고짜 묻지 말자. 빈손으로 나오게 될 수 있으니 이런 실수는 금물이다. 초보 남성 사업자들이 가장 많이 하는 실수 중에 하나라 힘주어 소개해 본다.

샤넬에 가면 꾸준히 바잉해 오는 제품이 있는데 대표적인 것이 클러치다. 미니멀한 지갑류나 신발도 판매가 잘 이루어지는 편이다.

<샤넬에 가면 바잉하는 대표적인 제품들>

1. 클러치

<출처: 샤넬 공식 홈페이지>

사이즈

뉴미듐, 라지

뉴미듐: 가로 27.5cm, 세로 20 cm

라지: 가로 34cm, 세로 24 cm

소재

그레인드 카프스킨(일명 '캐비어'라 불림), 램스킨

샤넬 클러치는 뉴미듐과 라지 사이즈가 있는데, 두 사이즈 모두 사랑받는 사이즈이다. 그러나 둘 중 굳이 하나만 골라야 한다면 라지 사이즈가 뉴미듐에 비해 프리미엄이 좀 더 붙는다. 보통 수납이 좀 더 좋은 라지 사이즈를 선호하는 고객이 더 많기 때문이다.

컬러는 블랙이 단연 최고다. 나머지 버건디, 레드, 핑크, 그레이, 네이비 컬러는 물론 블랙보다는 판매 기간이 좀 더 걸리기는 하나 모두 비슷비슷하게 판매된다.

2. 클래식백

<출처: 샤넬 공식 홈페이지>

사이즈

스몰, 미디움, 라지

가방 밑면 길이가 스몰 20cm, 미디움 25cm, 라지 28cm이다

소재

그레인드 카프스킨(일명 '캐비어'), 램스킨

<출처: 샤넬 공식 홈페이지>

* 같은 클래식 백인데 쉐브론 패턴으로 되어 있어, '클래식 쉐브론' 이라 칭한다

3. 보이샤넬백

<출처: 샤넬 공식 홈페이지>

사이즈

스몰, 미디움, 라지

가방 밑면 길이가 스몰 20cm, 미디움 25cm, 라지 28cm이다

소재

그레인드 카프스킨(일명 '캐비어'), 램스킨 등

4. 기타 시즌백

(1) 코코핸들

(2) 가브리엘호보백

시즌백의 경우, 베테랑들은 100만 원 정도의 마진도 본다고 한다. 나 같은 경우에는 아직 그 정도의 경지에 다다르지 못한 초보 사업자라 마진은 대략 30~50만 원 선에서 판매가 이루어진다. 그러나 제품이 귀해 재고 남을 걱정은 없기 때문에 원하는 제품이 없어 충분한 바잉을 하지 못한 경우, 시즌백을 1~2개 정도 바잉해 온다.

샤넬도 에르메스처럼 1인이 구매할 수 있는 구매 제한 수량이 있다.

동일한 종류의 제품은 한 달에 4개까지만 가능하다. 예를 들어, 클러치를 바잉하기로 했다면 내가 프랑스 7곳의 전 매장을 통틀어서 살 수 있는 수량은 단 4개다. 클러치의 컬러, 사이즈, 소재가 같은 것의 중복 구매는 불가하다. 소재든, 컬러든, 사이즈든 무엇인가 하나씩은 달라야 한다.

내가 샀던 목록을 가지고 예를 들면, 블랙 컬러 캐비어 소재 라지 사이즈 1개, 펄블랙 컬러 캐비어 소재 라지 사이즈 1개, 버건디 컬러 캐비어 소재 라지 사이즈 1개, 레드 컬러 캐비어 소재 라지 사이즈 1개 이렇게 4개까지 가능했다. 램스킨 소재도 있는데 캐비어보다는 스크래치가 쉽게 나서 캐비어를 선호하는 고객이 많다. 그래서 나는 같은 경우라면 램스킨보다는 캐비어로 바잉했다. 캐비어가 없을 때는 블랙 램스킨 소재 라지 사이즈 클러치로 대체한다.

 샤넬은 국가별로 연계되어 구매 제한이 되는 것은 아니므로, 프랑스에서 4개, 네덜란드에서 4개, 이탈리아에서 4개, 스위스에서 4개 이런 식으로 바잉할 수 있다. 그러면 한 번 바잉에 제품 여러 개를 확보할 수 있다. 그래서 사업자들을 바잉을 할 때 본인 예산에 맞추어 최대한 많은 수량을 확보하기 위하여 여러 국가를 방문한다.

샤넬 프랑스 깜봉 본점 주소

31 Rue Cambon, 75001 Paris France

루이비통, 프랑스에서 이미 샀잖아

대한민국에서 하도 많이 팔려 길거리에서 3초 만에 눈에 띈다고 '3초백'으로 불리는 루이비통은 말이 필요 없는 브랜드다. 대한민국 여자들 중 루이비통 없는 여자도 드물지 않을까 싶다. 정품이 없으면 짝퉁이라도 하나쯤 가지고 있다. 캔버스 소재의 모노그램 패턴의 백이 가장 흔하다.

루이비통은 대표적인 프랑스 태생 브랜드 중 하나다. 그래서인지 프랑스 매장에서 구매하면 가격 메리트는 있다. 여기에 택스리펀까지 받으면, 관세를 내더라도 국내 매장에서 사는 것보다는 저렴하다. 여행객이 개별적으로 사기에는 더할 나위 없이 좋지만, 사업자 입장에서는 사업자 통관하고 관부가세 내고 경비 및 기타 부대비용을 합치면, 결국 크게 차이는 없다. 그렇기 때문에 루이비통은 구하기 힘든 프리미엄이 붙는 제품 위주로 바잉한다.

사실 유럽 바잉을 할 때, 루이비통과 관련된 웃지 못할 에피소드들이 가장 많다. 처음 명품 비즈니스에 발을 들여놓게 해준 선배와 루이비통에 가게 되었는데, 대리 구매를 부탁하셔서 흔쾌히 사드렸다. 봄가을에 많이 하는 얇은 실크 소재의 일명 '방도스카프'와 '코인지갑'이었다. 그게 뭐 어려운 일이라고 대수롭지 않게 생각했다. 다른 장소의 루이비통 매장에서도 한 번 더 부탁해 와서 연속으로 2번에 걸쳐 방도스카프와 코인지갑 몇 개를 더 대리 구매 해주었다.

그중 방도스카프는 나도 미리 부탁(선주문)을 받고 가서, 바잉해 와야 하는 품목이었다. 6개국을 돌며 루이비통 매장을 방문할 기회는 많기 때문에 대리 구매를 한 매장 말고 다른 루이비통 매장에서 사기로 하고 미뤄두었었다. 왜냐하면 구매 후 택스리펀을 받으려면 매장별로 택스리펀 서류를 발급하여 함께 주는데, 이 택스리펀 용지가 많아지면 돌아갈 때 공항에서 택스리펀 수속 중 택스리펀이 거절되는 곤란한 일이 발생할 수도 있기 때문이다.

또한, 서류가 많으면 누락되거나 혹은 담당 직원이 좀 더 엄격하고 깐깐하게 굴어 그 과정이 유독 귀찮아질 수도 있다. 그래서 웬만하면 종이 한 장에 목록을 받을 수 있도록 전략을 세운다. 내가 원하는 제품이 많은 매장에서 몰아서 산다. 그때 마침 대리 구매 하려던 매장에는 내가 찾는 물건이 재고가 없는 것들이 많아 다른 매장에서 사기로 한 참이었다. 인적이 드문 스위스의 루이비통 매장 한곳에 들렀다. 마침 구하던 제품들의 재고가 거의 다 준비되어 있어 주문받은 스카프도 함께 사려고 판매자에게 이야기했다.

그런데 뭐지? 나한테 물건을 줄 수 없다고 했다.

동일한 제품을 이미 다른 매장에서 여러 개 샀다며……. 어머나!

심지어 내가 대리 구매 했던 매장과 동일한 국가 매장도 아니었는데 이게 어떻게 된 거야?

거절당하고 나와서 선배에게 물어보니 월드와이드 네트워크란다. 네덜란드 루이비통에서 산 기록이 스위스 루이비통에도 뜬다는 거다.

'아, 뭐야. 왜 말 안 해준 거야. 진짜 너무하다.'

남은 일정 얼굴 붉히며 바잉하고 싶지 않아서 조곤조곤 물으니, 나보고 다음에 올 때 여권 새로 만들어서 오라고 답했다. 얄미웠다.

그만큼 구매 이력을 보고 물건 구매를 철저하게 제한하여 구매하기 힘든 곳 중 하나다. 대한민국 사람들이 누구인가? 그래도 여전히 많은 사업자들이 건재하고 있는 것을 보면 분명 꼼수는 있다.

공식적으로 담을 수가 없어서 그렇지.

루이비통 가서 바잉해 오면 좋은 제품 하나를 추천하자면, 단연 포쉐트 토일렛 26 사이즈다.

파우치보다 조금 큰 사이즈의 클러치인데 심플하고 실용적이긴 하다.

알렉사청이 들고 나온 이후 폭발적인 사랑을 받고 있다. 특히 한국과 중국 사람들이 너무 많이 사 가서 전 세계 매장에 동이 났다는 이야기도 판매자에게 전해 들을 수 있었다.

포쉐트 토일렛

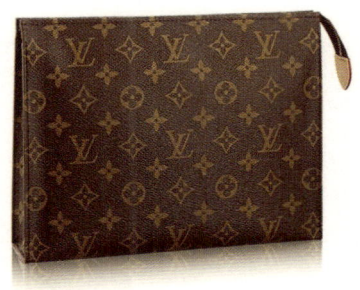

<출처: 루이비통 공식 홈페이지>

사이즈

15, 19, 26

클러치의 하단 길이가 각 15cm, 29cm, 26cm이다

컬러와 패턴

모노그램 (다미에도 있으나, 브라운 모노그램이 가장 인기다)

역시나 유럽의 웬만한 루이비통 매장에 가서 찾으면 품절이라고 한다. 그나마 프랑스 루이비통 본사 매장에는 매일 몇 점씩 꾸준히 입고되어 제품이 있다는 이야기를 듣고 프랑스에 있는 동안은 받을 때까지 매일 한 번씩 방문했었다. 루이비통 본사 매장 오픈 시간 30분 전에 도착했는데, 언제부터 와 있었던 것인지 엄청나게 긴 줄이 그야말로 끝도 없이 늘어서 있었다.

그중에는 여행객 같은 사람도 있고 누가 봐도 '리셀러' 포스를 품기는 사람들도 있었는데 여기에는 다수의 알바생들도 포함되어 있었다. 여기서 알바생이라 표현한 이유는 리셀러 사업자들이 구매 이력이 없는 여행객이나 지인들 혹은 온라인 커뮤니티 혹은 오프라인에서 알게 된 인적 네트워크를 활용하여 하나 사다 주면 하나당 일정금액 수수료를 주고 대리 구매를 부탁하여 대리 구매를 하기 때문이다. 물론 이것도 꼼수다. 여행객들은 구경하며 소소하게 여행경비도 아낄 수 있고, 학생들은 쉽게 소정의 알바비를 벌 수 있고. 뭐 서로 좋은 일이니 웃고 지나간다.

또 다른 에피소드도 있다.

사실 나는 영어보다는 중국어가 훨씬 편하다. 그래서 조금이라도 판매자들과 친근하게 대면하기 위해 나름 중국인 판매자 근처를 서성이다 그들의 응대를 받곤 한다. 어느 날은 한참 말이 잘 통하던 중국인 판매자가 응대를 해주었고, 포쉐트 토일렛 26 사이즈 재고가 있다고 했다.

야호! lucky day!

명품 중에 가장 마진 좋고 바잉하는 입장에서 구매 원가까지 비교적 저렴해서 꿀단지로 통하는 제품인데 운이 좋았다. 구매 이력 때문에 혹시나 해서 미리 텍스리펀도 필요 없다고 이야기해 두었다. 그러나 기쁨도 잠시, 계산대까지 가서 잘렸다. 이전에 이미 몇 개 구매했다며, 직접 사용하려는 게 맞는지 추궁했다.

쳇, 내가 몇 개나 샀다고 저러는지. 속상했다. 눈앞에서 꿀단지를 놓쳐버린 것이다.

요즘도 가끔 지인들 유럽이나 미국으로 휴가 가게 되면, 공항 면세점도 좋고 현지 매장도 좋으니 동선에 너무 무리 가지 않으면 한 개만 사다 달라고 부탁하곤 한다.

워낙 인기가 많다 보니, 국내에 하이퀄리티 짝퉁도 많이 돌아다닌다. 얼마나 똑같기에 짝퉁 판매자들이 자신만만하게 이야기를 하는지 궁금해졌다. 상세히 비교해 보려고 며칠 전 프랑스에서 데려온 제품이 있어 하나를 남겨두었다. 시간 날 때 상세하게 비교 분석 영상으로 만들어 개인 블로그에 올려 공유해 볼 생각이다.

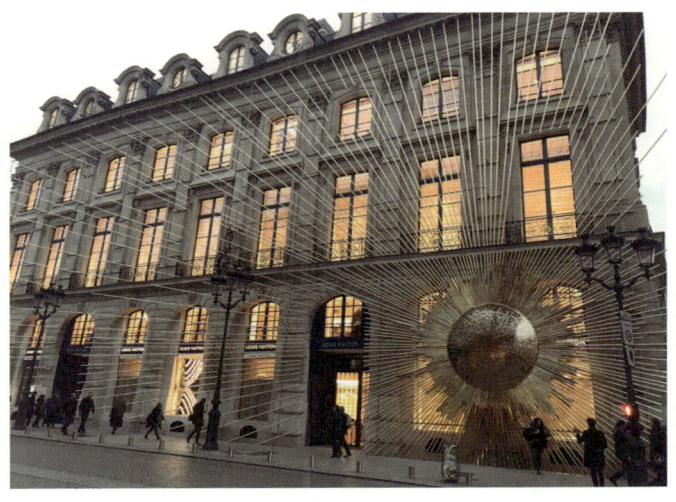

프라다, 줄 서고 번호표 받으세요

<악마는 프라다를 입는다>라는 제목의 영화가 국내에서 인기리에 상영된 적이 있다. 그만큼 프라다는 우리나라 사람에게 친숙하며, 국내에서 명품의 대명사로 꼽히는 브랜드다. 나는 이 일을 시작하기 전에는 그 흔한 프라다 지갑 하나 가지고 있지 않을 정도로 나와는 별 상관없다 생각한 것이 명품이었다. 물론 지금은 필요한 아이템 몇 개는 가지고 있을 정도로 친숙해졌다.

　내가 명품 비즈니스를 하겠다고 결정하고, 유럽에 도착해 바잉한 첫 제품도 프라다 지갑이다. 여자 반지갑, 3단 지갑, 카드 지갑, 코인 지갑, 남자 지갑 등 다른 명품에 비해 부담 없이 소비자가 구매할 수 있다고 생각해서 많이도 바잉해 왔다. 비텔로무브 소재 혹은 사피아노 소재로 된 블랙, 네이비 컬러 지갑이 대표적이다. (오렌지색, 베이지, 옐로우, 화이트 제외)

1MV204, 1MC122, 1MM268, 1MH176 등 프라다 지갑에 조금만 관심 있으면 알게 되는 친숙한 모델명이다. 프라다 지갑 같은 경우 블랙, 네이비 혹은 핑크 컬러를 선호한다. 그리고 유독 오렌지 컬러, 베이지, 옐로우 계열의 지갑은 피한다. 피하는 이유는 하나다. 잘 판매되지 않는다. 바잉해 간 사업자들이 고개를 젓는, 대부분 재고로 남는 애물단지다. 지갑 같은 경우 개당 약 5~10만 원 정도의 마진이 남는다고 보면 된다. 첫 바잉 때 프라다지갑만 거의 90개 이상을 바잉해 왔던 것 같은데 그때 운이 좋은 편에 속했다. 그 이후에는 아웃렛에 제품이 있어도 슬슬 구매 제한 시동이 걸리기 시작해 운이 좋지 않으면 한 매장에서 5~6개밖에 못 사 오는 경우도 생기기 시작했다. 복불복이다. 어떤 판매자를 만나느냐에 따라 다르다. 그래도 너무 실망하지 않아야 한다. 적어도 앞으로 이 일을 계속할 거라면 말이다. 이번에 못 받으면 다음번에 좀 더 받는 경우도 생긴다. 마음 편하게 플랜 B를 찾는 것이 현명하다.

처음에는 몰랐는데 프라다의 경우 철망 모양의 사피아노 소재가 대표적으로 많이 사용되는데, 바잉해 온 제품에는 비텔로무브 소재가 많았다. 나중에 보니 비텔로무브 소재는 정매장에는 입고되지 않고 아웃렛 전용으로 합리적인 가격으로 선보일 수 있는 제품이었다. 개인적으로는 비텔로무브 소재가 사피아노 소재보다 스크래치도 덜 나서 좀 더 편하게 사용할 수 있는 장점이 있어 좋았다. 실제로 판매도 잘 되었고, 평도 나쁘지 않았다.

 내 고객들로는 20~30대의 남자분들이 많았는데, 여자 친구 선물용으로 가장 선호했다.

<비텔로무브 소재 여자 지갑- 모델명: 1mh176>

프라다 아웃렛 매장에 들어가면 번호가 적힌 종이를 하나 준다. 천천히 보면서 물건을 고르고 내가 받은 그 번호 적힌 용지를 내밀면 판매자가 내가 고른 제품 리스트를 입력하여 찾아놓는다. 그리고는 모든 물건이 준비되면 한 번에 계산될 수 있도록 도와준다. 한 번에 많은 양을 바잉하기 때문에 준비하는 데 시간이 오래 걸린다. 바잉에서 스피드와 눈치가 생명이지 않은가.

나는 물건을 골라서 내 번호에 선점하고 판매자가 물건을 준비하는 동안 근처에 있는 구찌나 버버리 등 다른 브랜드로 이동한다. 그리고 프라다 매장에서 제품을 구매했던 플로우로 물건을 바잉한다. 사람도 많고, 우리나라 매장처럼 신속하게 일하지 않는다. 그러므로 한 매장에서 계산까지 다 하고 나와서 다른 매장에서 바잉하려다 보면 하루에 2-3개 매장만 바잉하고 하루 일정이 끝나 버릴 수도 있다. 한정된 시간 내 한정 수량의 물건을 잘 바잉하려면 스피드와 눈치가 필수다. 다시 한번 강조해도 지나치지 않다.

프라다는 에르메스나 샤넬처럼 특정 모델을 확정해서 가지는 않는다. 보통 100만 원대에 실용적인 데일리백으로 사용할 수 있는 여유 있는 사이즈의 블랙 컬러 백이나 앞서 소개한 지갑류들 위주로 바잉한다. 프라다는 데일리하게 사용할 수 있으면, 잘 판매되는 편이다. 프라다 매장에서는 이렇게 대략적인 기준을 가지고 고르면 크게 실패하지는 않는다.

 가끔 바잉 시기와 맞물려 특정 모델이 인기를 얻는 경우가 있다. 운이 좋아 때마침 구해 가면 특별히 마케팅이나 광고를 하지 않아도 어렵지 않게 팔 수 있다.

 여성 의류 쇼핑몰의 모델이 프라다 버킷백을 들고 있는 사진이 찍힌 적이 있었다. 그러면서 예전에는 매장에 재고가 있어도 많이 바잉해 가지 않던 복조리 모양의 버킷백이 현재는 없어서 못 구해 안달 난 백이 되었다.

<출처: 프라다 공식 홈페이지>

프라다 아웃렛 중에는 이탈리아 피렌체에 있는 더몰이나 스페이스 매장에 가장 다양하게 제품이 구비되어 있다. 실제로 보니 그동안 여러 국가에서 방문했던 프라다 매장보다 크고 물건도 다양했다. 전 세계의 프라다 매장으로부터 나오는 물건이 유통되어 들어오는 곳이어서 그렇다고 한다. 그러나 이 두 곳은 구매 제한이 너무 심해서 사업자들이 많이 찾지 않는 곳이 되었다. 시간과 비용을 들여서 가더라도 소량만 바잉해 올 수 있기 때문에, 가성비가 낮아 기피하고 있다. 그보다는 덜 다양하더라도 상대적으로 제한이 느슨한 다른 사업자들의 발길이 덜 닿은 매장들을 찾는다.

내가 아무것도 모르고 시작해도 워낙 브랜드 자체의 인지도 때문에 어렵지 않게 팔 수 있었던 것처럼 초보자들이 부담 없이 팔기는 좋은 것이 프라다의 제품들이다. 프라다를 가장 많이 바잉해 봤는데, 현재 내가 가진 재고가 정말 단 하나도 없다.

프라다 스페이스 아웃렛

Via Aretina, 403, 52025 Montevarchi AR, Italy

피렌체 더몰 아웃렛

Via Europa, 8, 50066 Leccio FI, Italy

독일 프라다 아웃렛

Prada Outlet Store, Reutlinger Straße 73/2, 72555 Metzingen, Germany

구찌, 아웃렛에서 아이템을 찾아라

몇 해 전까지만 해도 구찌는 올드한 이미지가 강해서 인기가 시들했다. 그러나 최근 새로운 디자이너가 영입되면서 동물, 곤충 등 다양한 소재를 모티브로 한 젊은 감각의 제품들이 나오기 시작하면서, 젊은 친구들의 사랑을 받고 있는 브랜드다. 이때 사업자가 무조건 인기 있다고 가져오면 큰일이다. 나도 좋고 고객도 좋아야 하는데, 좋은 가격으로 판매되지 않아 고객만 좋게 해 주고 끝나는 경우가 생길 수 있기 때문이다.

구찌는 현재 국내 매장에서도 특별히 재고가 없어서 못 구하는 제품이 많지 않은 편이다. 그래서 나는 주로 구찌 아웃렛 위주의 바잉을 한다. 밸런타인데이, 크리스마스 선물 혹은 생일이나 졸업 선물용으로 잘 판매되는 블랙, 브라운 컬러 씨마 패턴의 클래식한 남자 반지갑이 대표적이다. 그 외 구찌 시그니처 컬러로 구성된 실크스카프, 울머플러, 캐주얼한 남자 벨트, 여성 미니백 등을 바잉해 온다. 한때 여성 그룹 F(X)의 크리스탈이 들고 나온 마몬트백이 핫해서 이 백도 들고 왔는데 역시나 바로 판매되었다. 이런 제품들은 가능하면 많이 바잉해 오고 싶은데, 당시에도 판매자가 구매 제한을 걸어 부득이 소량만 입고시킬 수밖에 없었던 기억이 있다.

구찌 아웃렛도 구매 제한이 상대적으로 느슨했었는데 요즘 소수의 업자들이 너무 쓸어 담아가서 그런지 제한이 아주 타이트해졌다. 전산에 구매 이력을 보고 너무 많으면 제품을 팔지 않는 추세라서 요즘 온라인에 구찌 제품이 예전처럼 많이 보이지 않는다. 여전히 타이트한 구매 제한이 진행 중임을 간접적으로 느낄 수 있다.

구찌는 이탈리아 피렌체에 있는 더몰 아웃렛에서 가장 구매 제한이 심했다. 더몰에 처음 방문했을 때 원하는 리스트의 제품을 종류별로 선점하고 계산하러 갔는데 이탈리아어를 못 알아듣긴 해도 문제가 있다는 분위기를 감지할 수 있었다. 아, 운 없으면 제품 다 잘릴 수도 있겠다 싶었다. 전산에 내가 그동안 바잉한 이력이 다 떴나 보다.

'난 친구들이 많아서 다 선물할 건데…….' 하는 표정으로 그들을 바라봤다. 전화하고 판매자들끼리 서로 뭐라 뭐라 하며 한참을 왔다 갔다 하더니 대략 1시간쯤 후에 계산을 마칠 수 있었다. 이날 그들도 매장 매출이 아쉬웠는지, 사실 나는 못 받을 줄 알았는데, 무사히 제품을 바잉할 수 있었다. 훔쳐 가는 것도 아닌데 기분이 참 묘했다. 이렇게까지 하면서 일해야 하나. (아웃렛에서만 발생하는 일이다. 정매장에서는 일어나지 않는 일이니 기분 나빠하지 말자.)

몇 번 이런 상황들을 겪다 보면 익숙해지기 마련이다. 양손 가득 쇼핑백을 메고 나오고 나면, 기분 나쁜 일은 언제 있었냐는 듯 실랑이하느라 허기진 배를 채우러 아웃렛 내에 있는 푸드코트에 가서 맛있는 스파게티를 먹는다.

꼼수를 부리든 억울한 척을 하든 착한 척을 하든 좋은 제품을 많이 바잉해 오는 것이 일을 잘하는 것이다. 이럴 때일수록 멘탈을 잘 챙겨두어야 이 필드에 오래 발붙이고 있을 수 있다.

프랑스 라발레 아웃렛

3 Cours de la Garonne, 77700 Serris, France

고야드 외, 스테디셀러가 최고다

위에 소개한 브랜드 외에도 고야드, 몽클레어, 몽블랑, 보테가베네타, 버버리 등 바잉해 올 수 있는 브랜드는 다양하다.

고야드는 빅투와르 반지갑 혹은 카드지갑, 세나 클러치, 생루이백, 앙주백, 한정판으로 나온 포아티에까지 다양한 제품이 사랑을 받는다. 국내에는 매장도 많지 않아 고야드도 빼놓지 않고 바잉해 오는 브랜드 중 하나다. 특히 프랑스에서 사게 되면 국내에서 사는 것보다는 훨씬 좋은 가격으로 살 수 있고, FTA 도장도 잘 찍어줘서 관세 면제도 받을 수 있어 메리트 있다. FTA 도장을 찍어주는 곳은 고야드 매장이 유일하다. 유행 타지 않고 꾸준히 판매되는 스테디셀러다.

단, 구매 제한이 아주 엄격하여 동일 제품을 1개 이상 절대 안 준다. 개인 역량이 중요하다. 꼼수를 잘 부려서 많이 바잉해 올수록 이득이다. 지난번에 나는 바잉하면서 만난 다른 친구와 신혼부부인 척하고 양가에 선물해야 하는데 하나만 주면 곤란하다면서 동일한 제품을 더 받아 오기도 했다. 판매자마다 조금씩 차이는 있으니 눈치껏 기지를 발휘해보기 바란다.

겨울철이면 없어서 못 판다는 200만 원대의 몽클레어 패딩도 바잉해 올 리스트에 포함되어 있다. 옷은 사이즈가 있어서 자칫 재고 부담이 생길 수 있는 아이템이다. 처음부터 대량으로 해오기에는 리스크가 확실히 있다. 나도 몽클레어 패딩은 내가 감당할 수 있는 소량의 수량만 바잉해 온다. 대표적으로 패딩은 클리오, 아프로티티, 헤르민퍼 같은 유행 타지 않고 꾸준히 나가는 여성 패딩을 바잉해 왔었는데 모델당 한 번씩은 반품을 받아보았던 유일한 아이템이다.

대개는 사이즈 때문인 경우가 많다. 나머지는 고가의 새 제품임에도 옷의 주머니 같은 곳에 달려 있는 부자재들, 모자에 달린 털 눌림 등의 말썽이 생겨 반품되는 경우도 있었다. 우여곡절 끝에 모두 팔기는 했지만 반품 과정에서 제품이 오가며 혹시나 더 상하기라도 할까 봐 얼마나 마음을 졸였는지 모른다. 반품이 아주 많지는 않기 때문에 경우에 따라서 서울이나 근교까지는 직접 가서 고객과 눈으로 함께 제품 손상 여부를 직접 확인하고 찾아오기도 한다. 그만큼 신경 쓰이는 아이템이다.

나는 아직까지 대량으로 바잉하지는 않았기 때문에 나에게 몽클레어는 마진이 아주 좋은 브랜드는 아니다. 그러나 금전적인 여유와 확실한 판로가 있다면 몽클레어는 고마진 아이템 될 수 있는 보물 같은 브랜드다. 이탈리아 멀티숍에 6개월~1년 전에 완불하고 선주문, 일명 시즌 오더를 넣으면 일부 모델은 많게는 정가의 50% 가까이 할인된 가격으로 받을 수 있다. 일정 수량 이상이 되어야 오더를 받아 주기 때문에 이 과정에서 적지 않은 돈이 6개월~1년간 묶이게 된다. 그렇기 때문에 금전적인 여유도 있고, 내 마켓의 인지도가 생겨 판로가 어느 정도 확보된 경우에 비로소 도전하는 것이 현명하다.

몽블랑이나 보테가베네타는 클래식한 남자 반지갑이 꾸준히 사랑받고 있다. 그러나 내 경험에 의하면 이 두 브랜드는 지금까지 바잉하면서 특별히 구매 제한을 걸었던 적이 없었다. 매번 내가 원하는 만큼 물건을 주었다. 그래서인지 타 경쟁업체들도 대량으로 바잉을 해와 재고가 많아서인지 말도 안 되게 적은 마진을 붙여 심히 저렴하게 판매해서 나한테는 가장 팔기 힘들었던 제품들 중 하나다.

심지어 요즘 몽블랑을 판매하고 있는 어떤 판매자는 내가 현지 아웃렛에서 바잉한 가격보다도 무려 50%나 싸게 팔면서 네임 각인까지 해준다고 했다. 어떻게 저 판매가가 나올 수 있는지 진심으로 가서 물어보고 싶었다. 짝퉁인지 진품인지 제품을 내가 직접 해당 물건을 사보기 전에는 알 수 없지만, 요즘은 짝퉁을 진품인 것처럼 속여 파는 양심 없는 판매자들도 많다. 구매자는 물론이고 나처럼 정품을 판매하는 판매자도 피해를 보고 있는 셈이다.

그 외 버버리의 경우, 클래식한 체크 패턴의 머플러는 매년 꾸준한 사랑을 받고 있다. 가격도 명품치고는 부담스럽지 않은 편이다. 가을 겨울 시즌에 판매를 시작하려고 하는 초보 판매자라면 도전해볼 만하다.

제4장

—
명품 병행 수입 비즈니스에서
진짜 중요한 것은 수입 신고다
—

이것이 원산지 작업이다

바잉을 끝내고 숙소로 돌아오면 끝일 것 같지만, 아니다. 피곤한 몸을 이끌고 꼭 해야 할 중요한 일이 하나 있다. 수입을 위해 절대 빠뜨려서는 안 되는 작업 중 하나다. 제2장에서 준비물로 바늘, 실, 원산지 테이프, 양면테이프, 가위를 언급했었다. 준비해 가야 하는 이유가 여기에 있다. 나는 지금도 들으면 손이 떨린다. 그 이름도 유명한 일명 '원산지 작업'을 위해서이다.

명품 비즈니스는 럭셔리할 것이라는 내 환상을 철저하게 깨뜨린 일 중 하나다.

오죽하면 이름만 들어도 괴롭겠는가. 물론 사람마다 다를 수 있다. 바느질이라고는 태어난 이래로 제대로 해 본 적도 없고 관심도 없는 '나'이기 때문에 더욱 그럴지도 모른다.

제품을 수입하려면 인보이스, 패킹 리스트 서류가 반드시 있어야 하고, 그 인보이스 서류에는 각 제품의 원산지를 함께 기재해야 한다. 당연히 제품마다 각인되어 있거나 기타 방법으로 표시되어 있는 원산지가 서류상의 원산지와 일치하여야 한다. 대부분의 제품에는 원산지가 각인되어 있거나 다른 어떤 방식으로든 표시되어 있다.

 문제는 '프라다'이다. 아웃렛용으로 나온 제품 중에 이 원산지 표시가 되어 있지 않은 경우들이 종종 있다. 그렇다고 이 제품들이 짝퉁이라는 이야기는 아니다. 아웃렛 제품들 중 OEM 방식으로 루마니아, 중국, 인디아 등에서 생산된 제품들도 있다. 이 네임카드에는 넘버로 생산 국가를 식별을 할 수 있게 되어 있는데, 제품 자체에는 원산지가 따로 각인되어 있거나 붙어 있지 않을 뿐이다. 그래서 별도의 작업이 필요한 것이다.

 그렇기 때문에 준비하는 것이 MADE IN CHINA, MADE IN INDIA가 인쇄된 지워지지 않는 '불멸의 테이프'이다. 시중 아무 곳에서나 판매되고 있는 것은 아니고, 방산시장 몇 곳에서 전문적으로 생산하여 판매하고 있다.

 원산지가 없는 제품 특히 지갑류의 경우, 안쪽에 이 테이프를 붙여 원산지 표시를 해 준다. 3cm * 0.1cm 정도 되는 크기로 잘라 양면테이프를 붙여 핀셋으로 꼭 맞게 붙여 주어야 한다. 떨어지지 않도록 꼼꼼하게 붙여야 함은 당연하다.

특히 유럽은 조도가 낮아서 숙소에서 이 작업을 하고 있으면 눈이 무척 침침하다. 안 그래도 작은데 더 안 보여서 여간 신경 쓰이는 것이 아니다. 쪼그리고 앉아서 수십 개를 붙이다 보면 어깨 결림, 목 뻣뻣 심지어 손에 식은땀이 나는 증상이 동반된다. 세상에 쉬운 일은 없다. 한 번에 몰아서 하면 힘들기 때문에 하루 바잉이 끝난 후 그때그때 작업해 두어야 한다.

쪼그리고 앉아서 원산지를 붙이고 있자니, '내가 이러려고 이 사업을 하는 게 아닌데.' 오만가지 불쌍한 생각이 들 때도 있다. 잘 챙겨온 멘탈은 여기서도 힘을 내주어야 한다.

나에게는 지갑보다 더 힘든 것이 가방이다. 가방은 지갑처럼 원산지 테이프를 붙이는 것이 아니라 지퍼 안쪽에 작은 크기로 자른 원산지 띠를 꿰매주어야 한다. 이 역시 기계로 한 것처럼 촘촘하게 잘 꿰매야 한다.

바느질하다 손이 미끄러워서 바늘에 찔리는 것은 다반사이고, 바느질이 서툴러서인지 바늘도 잘 안 들어가서 힘을 주다 내 손가락에 구멍이 날 것 같은 때가 많다.

인보이스 작성은 생각보다 간단해

원산지 작업이 끝나면 인보이스와 패킹 리스트를 맞추어 작성하면 된다.

인보이스와 패킹 리스트는 제품 수입 신고를 위해 반드시 있어야 하는 서류이다.

인보이스란, 매매계약 조건을 정당하게 이행했음을 밝히는 즉 판매자(수출자)가 구매자(수입자)에게 보내는 서류이다.

인보이스에는 수출자, 수입자의 정보, 수입하려는 제품이 무엇인지 제품명, 컬러, 원산지, 수량, 무게, 가격 등이 기입된 일종의 영수증이다. 거창해 보이지만 한 번만 작성해 보면 누구나 할 수 있다.

패킹 리스트란, 수출자가 수출을 하는 상품에 대한 상세한 정보를 수입자에게 보내는 서류를 말하는데, 상품명, 상품 포장단위, 수량, 단가, 원산지, 무게가 반드시 기입되어야 한다.

이렇게 만든 인보이스, 패킹 리스트 그리고 사업자등록증 사본을 출국 전 미리 알아둔 관세사에게 귀국 전 탑승하는 항공편 정보와 함께 메일로 보낸다. 그럼 내가 비행기를 타고 이동하는 동안 관세사는 수입 신고 준비를 도와준다. 이 부분을 걱정하시는 분들도 많은데 한 번 해보면 어렵지 않다.

INVOICE

Via Gi Firenze, Italia Tel +331 00000000				
			Fattura	TDI000001 00/09/2016

	Spett.le LOVE 000, MOKDONGDONG-RO 12-GIL, YANGCHEON-GU, SEOUL, SOUTH KOREA Tel :82-2-0000-0000

NO. of. cartons		01bag	Gross weight		kg
Shipper			Net weight		kg
Payment		Paid	Goods delivered		EX FACTORY

BRAND	MODEL	TYPE	ORIJIN	COLOR	EA	PRICE	TOTAL
GUCCI	806505985	WOOL SCARF	ITALY	BLACK	1	.00	€ .00
	806505987	WOOL SCARF	ITALY	GRAY	1	.00	€ .00
	806505986	WOOL SCARF	ITALY	SKY GRAY	1	.00	€ .00
	806505343	WOOL SCARF	ITALY	GRAY	1		
MONCLER		CLOTHES	ROMANIA	BLACK	1		€ -
MONCLER		CLOTHES	FINLAND	BLCAK	1		€ -
GOYARD	64668401	LEATHER WALLET	FRANCE	BLACK&BROWN	2		€ -
CHANEL	A82552	CLUTCH	ITALY	BLACK	2		€ -
CHANEL	A82552	CLUTCH	ITALY	RED	1		€ -
CHANEL	A82552	CLUTCH	ITALY	BURGUNDY	1		€ -
HERMES		BRACELET	FRANCE	WHITE	1		€ -
		BRACELET	FRANCE	BLACK	1		€ -
		BRACELET	FRANCE	PINK	1		€ -
		BRACELET	FRANCE	BLUE	1		€ -
	EMPIRE STTATE	BAGCHARM	FRANCE	GRAY	1		€ -
	TORTUE	BAGCHARM	FRANCE	BROWN	1		€ -
	CLOCHE	BAGCHARM	FRANCE	BRWON	1		€ -
	BONHOMME	BAGCHARM	FRANCE	PURPLE	1		€ -
LOUIS VUITTON	M43422	CLUTCH	SPAIN	MONOGRAM	1		€ -
LOUIS VUITTON	M47542	CANVAS CLUTCH	SPAIN	MONOGRAM	2		€ -
MONCLER		WOOL SCARF	ITALY	GRAY	3		€ -
				QUANTITY	25		
						Totale Euro	€

Il pagamento anticipato tramite Bonifico

<인보이스>

패킹, 택스리펀 받을 서류와 반드시 대조하라

패킹에는 포워딩박스를 만들어 패킹하는 방법과 큰 캐리어에 패킹하는 방법이 있다.

바잉을 어떻게 하느냐에 따라 패킹하는 방법을 달리 선택할 수 있다. 내가 아웃렛 위주의 바잉을 했을 때는 90 * 90cm의 종이박스 2개를 준비하여 택스리펀 서류와 인보이스 서류에 적힌 물품 내역에 맞추어 정리하여 패킹했다. 정매장 위주로 바잉을 했을 때는 제품 수량이 아웃렛에서 바잉한 것만큼 많지는 않다. 그때는 제품이 들어가는 대형 캐리어에 패킹했다. 박스보다는 대형 캐리어에 패킹하는 것이 훨씬 손이 덜 간다. 그러니 바잉 계획을 세울 때 박스를 준비할 것인지 대형 캐리어에 담아올 것인지도 생각해 두어야 편하다.

패킹 시 가장 중요한 것은 택스리펀 서류에 적힌 물품 내역과 실제 패킹한 제품이 완전히 일치하여야 한다. 왜냐하면 6개국을 돌며 바잉한 제품들의 택스리펀을 출국하는 국가 공항에서 한 번에 받게 되는데, 택스리펀을 해줄 때 택스리펀 서류와 함께 제품이 실제로 현지에서 사용되지 않고 반출되는지 담당 세관원이 대조하여 확인하는 경우가 있다. 그래서 서류에는 적혀 있는데 실제로 제품이 없으면, 택스리펀 도장을 찍어주지 않는다. 그럼 그 없는 제품이 포함되어 있는 서류 자체는 아예 도장을 못 받으며, 서류에 기재된 다른 제품까지도 택스리펀을 못 받게 된다.

 나 같은 사업자들은 택스리펀으로 받는 금액(약 바잉한 제품 총액의 10~13%)도 적지 않다. 이는 9일간의 경비를 털어버릴 수 있는 금액이기 때문에, 도장을 받느냐 그렇지 않느냐에 날을 세울 수밖에 없다.

 패킹 시 또 한 가지 확인하여야 할 것이 있다. 바로 박스, 캐리어의 무게다. 각 박스, 캐리어의 무게가 23kg가 넘지 않도록 패킹하여야 한다. 우리나라 항공사들처럼 정으로 넘어가거나 애교로 봐주는 일은 없다. 항공사에서 300g만 넘어도 칼같이 오버차지를 부과한다. 무게를 대충 맞춘 대가로 짐 하나당 10만 원 정도를 추가로 내야 한다. 그러니 애먼 돈 쓰기 싫으면 무게를 정확하게 맞추어 패킹하여야 한다. 작은 전자 체중계를 하나 들고 가면 패킹하면서 확인해 볼 수 있으므로 좋다.

 박스는 현지에서 구하기 어려울 수 있으므로, 박스 패킹을 할 것이라면 국내에서 구해 가는 것이 좋다. 캐리어에 넣어 가져올 계획이라면, 샘소나이트 아웃렛 같은 곳에 가면 가볍고 큰 캐리어를 저렴한 가격에 구할 수 있으니, 큰 캐리어를 굳이 한국에서부터 끌고 갈 필요는 없다. 더 좋게는 튼튼한 리모와 캐리어를 현지에서 구매하여 제품을 잘 넣고 한국으로 돌아온 후, 국내 명품 온라인 커뮤니티에 중고로 팔면 된다. 현지에서 산 가격으로 판매해도 국내보다 훨씬 저렴하기 때문에 판매도 잘 이루어진다. 리모와 캐리어를 이용하면 보안 검사는 물론 이동 중에 적어도 바잉한 제품들이 손상되지 않을까 하는 걱정은 덜 수 있다.

그래서 택스리펀 안 받을 텐가?

보통 동선을 짤 때 이동하기 쉽게 편의상 독일 IN 독일 OUT 또는 프랑스 IN 프랑스 OUT을 많이 선택한다. 나는 초보 사업자이고 유럽 지리에 대해 해박한 지식이 없어 선배들이 추천해준 대로 독일 IN 독일 OUT 프랑스 IN 프랑스 OUT을 경험해보았다. 독일과 프랑스 공항에서의 택스리펀 과정에는 차이가 조금 있었다. 딱 내가 겪은 그 차이를 공유해 보려 한다.

사실 나는 택스리펀에 대해 아직도 잘 이해되지 않는 점이 있다. 유럽 현지에서 산 제품들을 현지에서 소비할 때는 그 제품에 세금이 부가되는 것이 당연하지만, 현지에서 사용하지 않고 모두 반출하는 우리 같은 경우 택스리펀은 당연히 해주어야 한다고 생각한다. 그리고 우리는 당연히 택스리펀을 받아 가야 한다. 그러나 실제로 겪어보면 세관에서 생각보다 빡빡하게 굴고 도장을 안 찍어 주려고 한다.

 내 첫 바잉 때는 이런 일도 있었다. 물론 택스리펀이 까다로운 경우도 있다는 이야기는 미리 들어 알고는 있었지만, 실제로 나에게 같은 일이 발생하니 황당했다. 9일간의 유럽 바잉을 마치고 유럽에서의 마지막 피날레를 장식할 공항 택스리펀 창구 앞에 섰다.

 선배가 말하길 생각보다 도장을 받아야 할 서류가 많으니 안전하게 동행한 다른 사업자와 신혼여행 와서 큰맘 먹고 선물을 사 가는 것처럼 해서 수월하게 도장 받는 것이 좋을 것 같다고 했다.

 진 빼지 않고 택스리펀을 받는 것이 내가 좀 덜 스트레스 받는 길이니 그렇게 했다.

 유럽 바잉을 위해 한국에서 한 번 보고 유럽에서 두 번째로 보는 분이었다. 전문 연기는 더더욱 아니고, 심지어 아직 모든 일정이 끝난 것이 아니라 긴장 상태를 유지하고 있다 보니 누가 봐도 어색해 보였을 것이다. 담당 세관원이 바로 '너희들 부부 맞아? 친구 아니야?'라고 묻는다.

"아닌데, 허니문 온 거 맞는데……."

황급히 대답했다.

세관원은 "아무리 허니문 기념이라지만 누가 지인 선물로 하나에 100만 원이 훌쩍 넘는 고가의 샤넬을 사니? 제정신 맞니?"라고 묻는다. 심지어 나보고 직업이 뭐냐고 물었다.

'참, 나. 내 직업이랑 무슨 상관이야?'

속으로는 씩씩거렸지만, 아쉬운 자가 참는 거다.

"대한민국에서 잘 나가는 변호사야."라고 대답해줬다. 변호사는 무슨……. 공부만 잠깐 했었다.

그 자리에서 잘 패킹한 짐을 모두 풀어헤쳤다. 택스리펀 용지에 있는 제품들이 오차 없이 있으니 잘 챙겨서 걱정은 없었다.

"너희 오늘 운 좋은 줄 알아. 오늘은 그냥 도장 찍어 줄 테니 잘 가."

이러면서 쿵쿵 소리 내며 도장을 찍어주었다. 한국에 돌아가면 다시 세관을 통해 수입 신고를 해야 했기 때문에, 그렇게 나는 공항 옆 구석에서 잘 정돈하여 한참을 재패킹했다.

도대체 무슨 상황인지 이해할 수 없었다. 당연한 것을 골리고 생색내며 해 준다.

지금이야 웃으면서 이야기하지만 그 당시에는 엄청 불쾌했고, 내 돈 쓰고 이런 소리까지 들으니 적지 않은 충격이었다. 그 이후 바잉에서는 첫 바잉만큼 난감했던 상황이 발생하지는 않았다. 앞으로 또 어떤 상황이 벌어질지는 모르겠지만 확실히 몇 번 겪고 보니 조금씩 유연한 대처 요령이 생겨 처음만큼 두렵지는 않다. 그러니 미리 알고는 있되, 쫄 필요는 없다.

프랑스 공항에서 택스리펀 받을 때는 기계로 먼저 가라

독일 공항에 비하면 프랑스 드골공항은 수월하다. 에르메스와 샤넬 등의 고가 가방을 제외한 가격이 크게 높지 않은 서류는 기계에서 자동으로 찍으면 그린라이트가 들어온다. 그러면 따로 세관원에게 도장을 받을 필요가 없다. 가끔 그린라이트가 아닌 레드라이트가 들어오는 경우도 있다. 이럴 때는 세관원에게 제품을 확인시키고 도장을 받으면 된다.

샤넬과 에르메스는 일반적으로 직접 면대면으로 제품과 택스리펀 서류를 담당 세관원에게 확인시켜 주고 도장을 받는 것이 안전하다. 기계로 처리할 수 있는 것들을 처리하면 세관원에게 직접 도장을 받아야 하는 것이 줄어든다. 그래서 고생스러운 독일 공항과는 대조적으로 아주 아름답게 느껴졌다. '역시 효율적으로 일 처리를 하는 프랑스야!' 하면서 말이다.

모든 것을 면대면으로 일일이 확인하면서 서류에 도장을 찍어주면 그 뒤에 줄줄이 서 있는 사람들은 도대체 언제 수속하고 언제 비행기 타고 가라는 것인가.

프랑스 드골공항이 상대적으로 택스리펀이 수월하다는 것을 경험하고 나니, 내게는 큰 바잉 부담 하나를 덜어낸 느낌이었다. 나는 다음 바잉도 프랑스 IN, 프랑스 OUT으로 정했다. 이 와중에 웃지 못할 작은 에피소드 하나는 있었다. 출국 심사를 마치고, 택스리펀을 현금으로 받기 위해 창구로 갔는데, 못 준단다. 이게 뭐야, 분명 기계에서 그린라이트라 통과된 줄 알았는데, 일부 서류가 안 찍혔단다. 서류 2장에 대한 택스리펀은 해 줄 수 없으니 받으려면 다시 나가서 도장을 받아보라고 했다. 나중에 안 사실이지만 그린라이트로 통과되어도 택스리펀 받아야 할 금액이 많은 고가 제품(경험상 약 2500유로 넘는 제품)은 무조건 세관원의 도장을 직접 받아야 했다. 그러니, 이 점을 유의하여 나처럼 다시 똑같은 절차를 반복해야 하는 불상사를 막길 바란다.

적은 금액이면 그냥 교육비로 냈다 치고 무시하고 돌아가려 했으나, 정말 적지 않은 금액이었다. 그래서 난 놀란 가슴을 진정시키지 못한 채 공항 직원에게 다시 사정을 이야기하고 프랑스 입국 심사를 다시 받고 프랑스로 재입국했다. 아주 짧은 시간에 입국 1번, 출국 2번을 한 셈이다. 다행히 택스리펀 줄은 짧았다. 도장 찍어주는 세관원한테 가서 다급하게 사정을 이야기했다. 아직도 아찔한 것은 물건이 들어있는 캐리어를 이미 화물로 비행기에 실었고, 내 손에는 어떤 물건도 없었다는 것이다. 도장을 못 받아도 이상하지 않을 상황이었다.

그러나 다행히 내가 나쁜 사람같이 보이지 않았나 보다. 아니면 꼭 받아야만 하는 간절한 눈빛이 통했던지. 세관 직원이 "아, 그랬니?" 하며 군소리 없이 다시 찍어주어 무사통과했다. 비행기 시간이 정말 얼마 남지 않아 다급히 출국 심사를 받고 한참을 뛰어 간신히 비행기에 올라탔다. 늘 예상하지 못한 일은 벌어진다. 그리고 문제 해결을 포기하지 않는 한 어떻게든 해결된다.

유럽에 발을 들인 이래로 영어를 가장 길게 한 날이었다. 주변에 많은 사람들이 이 일을 하려면 영어를 잘해야 하냐고 물어본다. 대답은 "그렇지 않다."다. 바잉에 사용하는 영어는 대한민국 중학 영어 수준이면 충분하다. 물론 유창하면 더할 나위 없이 좋다. 그런데 예상치 못한 이런 비상 상황이 벌어지면 그때는 영어가 아쉽다. 유창하면 쉽게 해결할 수 있는 문제를 어렵게 손짓 발짓 해가며 해결하여야 할 수도 있기 때문이다. 그러니 필수는 아니지만 틈틈이 영어 공부를 해두면 이롭다.

나는 수입 신고는 무조건 합니다
(밀수가 아니에요)

/

　가까스로 지친 바잉 일정을 마치고 안도의 한숨과 함께 인천공항에 입국했다.

　바잉하면서 여행은 좀 했냐고? 하나도 못 했다. 바잉하고 숙소 돌아오면 지쳐 쓰러지기 바쁘다. 특히 아웃렛 바잉이 많은 일정에는 관광 포인트 지역은 갈 일이 거의 없다. 잠시 스쳐 지나가는 동선도 없다. 그리고 사람이 참 그렇다. 막상 이런 생각이 드는 것이다.

　'두 달 후에 또 올 건데 다음에 가지, 뭐.'

　남산타워에 안 가 본 서울 사람이 많은 이유와 비슷하지 않을까. 그동안 바잉하면서 에펠탑 한 번 보고, 피렌체 두오모 성당을 멀찍이 바라본 것이 전부다.

이런저런 생각을 하고 있을 때 내 짐이 나왔다.

"What, 이게 뭐야?"

내 박스는 노란색으로 세관 검사가 필요한 제품이라는 경고 테이프가 둘둘 말려 붙어 있었고, 캐리어는 노란색 빅 사이즈의 자물쇠가 채워져 있었다. 심지어 그 자물쇠는 빨간 센서까지 번쩍거리고 있었다. 센서 덕택에 캐리어를 끌고 출국장 입구에 가까워질수록 사이렌이 무시무시하게 울려대기 시작했다. 당연히 세관 신고를 하고 사업자 통관할 건데 인정사정없이 사이렌이 울려대니 내가 마치 어마어마한 양의 마약과 금괴를 밀수하려는 범죄자가 된 것 같았다.

사업자 통관을 할 거라고 이야기하고, 세관 직원의 안내에 따라 박스와 캐리어를 확인하고 유치증을 받았다. 그리고 나와서 공항 지하에 있는 세관 신고하는 곳으로 내려갔다. 받아 온 유치증을 관세사님께 전달하니 대기하라고 안내해 주셨다. 유치증까지 전달하고 나면 원산지나 서류에 특별한 이상이 없는 한 이후부터는 관세사가 모든 처리를 도와준다. 그리고 물건이 무사히 내 손으로 돌아오게 된다.

이로써 다 끝난 줄 알았는데 아니었다.

관세, 부가가치세, 기타 통관 비용 내고 물건 수령

인천공항에서 2시간 정도 대기했다. 마침 관세사님께 연락이 왔다. 제품 신고가 잘 끝났으니 관부가세랑 관세사 수수료를 입금하면 물건을 찾아서 바로 나갈 수 있다고 했다.

"뭐? 관세를 지금 바로 내는 거였어?"

솔직히 말하면 사실 가기 전까지는 이미 지불해 놓은 현지 경비, 컨설팅비, 그리고 물건값 외에는 더 생각을 안 했었다. 물론 통관을 해야 한다는 것은 알았지만 그 자리에서 바로 관세를 내야 하는 줄은 몰랐다. 대략 얼마 나올지 예상도 못 했다. 이렇게 무지했다.

관부가세는 물품마다 세율이 다르다. 내가 내야 할 금액을 합쳐보니 대략 총 바잉 금액의 20% 정도였다.

가방, 지갑류는 관부가세가 18%, 의류, 신발류는 관부가세가 23%다.

혹시 몰라 퇴사하기 직전에 신용대출로 받아 놓은 현금이 조금 있었으니 망정이지 바잉한 물건을 관부가세를 못내 못 찾아올 뻔했다. 일정 기간까지는 공항에 매일 유치비를 내고 보관할 수 있으나 관세를 내지 못하고 일정 시간이 경과하면 그 제품들은 공매에 부쳐진다. 다행히 관세를 내고 물건을 찾아 출국장을 빠져나왔다. 드디어 모든 일정이 끝났다.

그리고 진짜 집으로 돌아가면서 느꼈다. 세상에 그냥 아무 의미 없이 일어나는 일은 없다고. 과거에 내가 겪어온 그 어떤 시간도 의미 없는 시간은 없고, 심지어 의미 없다고 생각했던 시간마저도 현재와 연결되지 않은 것이 없다는 사실을.

제5장

—
명품 판매 생각보다 쉽다
—

사진 촬영, 쓸데없이 스튜디오에서 하다

바잉해 온 제품들을 잘 정리해 놓고 보니 뭔가 뿌듯하기도 하지만 한편으로는 내가 잘 팔 수 있을지 두려움도 생겼다. 그러나 주사위는 던져졌다.

일단 온라인에 올려보기로 했다. 더 미룰 일도 없었다. 다음 일은 그다음에 생각하기로 하고.

온라인에 올리려면 가장 먼저 무엇을 해야 하지?

사진 촬영이다.

당시 가지고 있는 것은 소니 미러리스 카메라가 전부였다. 조명도 없었다.

제품을 촬영할 때 보정을 덜 하려면 깨끗하게 세팅을 하고 조명을 사용하여 촬영해야 한다. 그런데 나는 아무것도 없는 상태에서 사진을 무작정 열심히만 찍었다. 세팅도 안 바꾸고 한 장면에 셔터를 몇 번을 눌렀는지. 그게 열심히 찍는 것인 줄 알았다. 카메라상에서 사진을 봤을 때는 몰랐는데, 사진을 다 찍고 컴퓨터 화면으로 보니 전반적으로 사진이 푸르스름하게 나왔다. 어떤 블루 컬러 제품은 블루인지 블랙인지 구분되지 않게 나오기도 했다. 그야말로 엉망진창이었다.

사진만 보면 짝퉁이라 해도 이상할 것이 없었다.

사진 잘 찍는 법에 관한 책을 사서 들여다보았는데 별반 나아질 기미는 보이지 않았다.

당시에는 포토샵도 잘하지 못할 때여서 본판이 이상한 사진을 보정으로 살려낼 수도 없었다. 빨리 판매를 해야겠다는 생각에 결국 강남의 한 스튜디오에 제품 사진 촬영을 의뢰했다.

지금 같으면 이왕 스튜디오에 의뢰했으니, "이 제품은 이 부분이 선명하게 나오게 찍어 주시고요. 이 제품은 소재가 좀 더 뚜렷하게 살도록 찍어주세요."라며 제품에 따라 다양한 요구를 했을 것이다. 제품이 최대한 돋보이도록 소구점을 찾아 제품 위치나 각도도 잡으며, 옆에 딱 붙어 촬영 보조도 했을 것이다. 하지만 그때는 촬영해 주는 대로 받기만 하는, 그 어떤 요구조차 할 수 없는 생초보였다.

  요구도 뭘 알아야 할 수 있는 것이다.

  제품을 25개 종류만 먼저 촬영했다. 촬영비는 대략 100만 원 정도였다. 사진은 잘 나왔다. 역시 사진을 잘 찍으면 확실히 보정은 편하다. 덕분에 첫 판매를 빨리 시작할 수 있었다. 도움을 받을 수 있는 부분은 받아서 하나라도 빨리 판매하는 것도 나쁘지는 않다. 그런데 지나고 보니 제품을 스튜디오에 의뢰까지 해서 찍을 필요까지는 없는 거였다. 내가 오버한 거다.

  정해진 것은 아니지만 명품 사진은 흰 배경에 제품만 딱 나온 누끼컷이 가장 무난하다. 가장 명품답고. 명품 촬영에는 고도의 촬영 스킬이 필요하지 않다. 소비자는 이미 제품을 알고 있다. 어느 날 갑자기 내 마켓에서 단지 사진을 보고 그 제품이 마음에 들어 구매를 결정하지는 않는다. 그렇기 때문에 제품의 사진이 얼마나 훌륭한가보다는 내 마켓에 대한 신뢰, 가품이 아닌 진품만 판매한다는 믿음을 어떻게 얼마나 주느냐가 훨씬 중요하다.

2년이 지났지만 나는 아직까지 사이즈만 규격에 맞추고, 누끼만 따는 최소한의 작업만 하여 상품을 올린다. 이미지를 설정하여 다양하게 촬영해 봤는데 반응은 누끼컷이 더 좋았다.

사실 스트로보 조명이 가격은 조금 있지만, 하나 장만해 두면 아주 유용하다. 스트로보 조명을 이용하면 그 어떤 초보가 찍어도 그럴듯하게 나온다. 마술 같다. 내가 처음 촬영한 것처럼 푸르스름한 컬러의 문제나 로고가 뿌옇게 뭉개져 촬영되는 등의 문제는 거의 생기지 않는다. 조명을 사는 것이 부담스러우면 네이버 스마트스토어 교육센터 또는 지마켓, 11번가 등의 대형 오픈마켓 교육센터 홈페이지에 스튜디오 사용 신청을 해 보자. 조명이 잘 세팅된 스튜디오를 신청한 시간 동안 무료로 사용할 수 있다.

신청이 번거로우면 가까운 동네의 호리즌 촬영 스튜디오를 빌려 저렴하게 촬영하는 방법도 있다. 촬영은 웬만하면 조명을 사용하여 찍어야 후 작업이 편해 시간을 절약할 수 있다.

사진 촬영은 기본적으로 제품의 앞, 뒤, 옆, 내부 구성, 소재,

로고, 스트랩, 핸들 부분 등이 잘 보이게 촬영하면 된다. 촬영하려는 제품 모델명을 포털 사이트에 검색해 보면 베테랑 선배들이 올려놓은 잘 촬영된 사진들이 나올 것이다. 참고하면 금방 감이 올 것이다.

 내가 사용하는 카메라 : 캐논 450d, 조명: 포멕스 E600

오픈마켓 입점부터 하자

사진 촬영이 끝나고 나면 슬슬 고민이 생기기 시작한다.

자사몰을 운영해야 하나, 오픈마켓에 입점해야 하나?

결론만 말하자면, 둘 다 해야 한다. 굳이 순서를 매기자면 오픈마켓이 먼저다. 왜? 노출이 더 잘되니까 그만큼 빨리 판매될 확률이 높다. 우리나라 대다수의 사람들이 네이버를 통해 검색을 하기 때문에 나는 오픈마켓들 중에서도 네이버에서 운영하는 스마트스토어에 먼저 입점하기로 했다. 매장이 많을수록 소비자에게 노출될 확률이 높아지므로, 관리가 가능하다면 지마켓, 옥션, 11번가, 전문 몰인 머스트잇, 필웨이 등에 모두 입점하여야 한다. 어느 곳에 먼저 입점할지는 본인이 좀 더 쉽게 할 수 있겠다는 느낌이 오는 곳으로 정하면 된다. 판매 루트가 많을수록 판매 속도에 가속이 붙는 것은 당연하다.

세상에 진짜 의미 없는 일은 없나 보다. 비록 실패로 끝났지만 내가 명품 비즈니스를 하기 전 중국 오픈마켓 타오바오에 입점해 제품을 리스팅해 보았던 경험이 이번에는 도움이 되었다. 덕분에 국내 오픈마켓 리스팅은 더욱 간단하고 수월하게 느껴졌다. 아주 친절하게 양식이 만들어져 있으므로, 가이드라인대로 맞추어 리스팅하기만 하면 된다. 내가 출장 가는 날이 많아서 우리 엄마한테도 잠깐 알려드렸는데. 지금은 60대인 우리 엄마도 배송 처리는 물론 웬만한 리스팅은 혼자 다 하신다. 오픈마켓 교육센터에서 리스팅 무료 교육도 하니 미리 교육을 받아보는 것도 좋다.

평소에 블로그에 글을 단 한 번이라도 써 본 사람이라면 더욱 쉽다. 오픈마켓들, 특히 스마트스토어는 오픈마켓 리스팅 방법이 블로그 쓰는 양식과 거의 흡사하여 금방 적응할 수 있기 때문이다.

제품을 매일 2~3개씩 리스팅하고 일주일 정도 되었을 때, 첫 주문이 들어왔다.

내 생애 처음 판매된 내 제품은 생로랑 카드지갑이었다. 야호! 지금 다시 생각해도 신난다.

무엇이든 처음은 늘 중요하다. 처음 판매된 제품이라 내가 들일 수 있는 모든 정성을 다 들였다. 고급 선물 포장에 편지까지 써서 보냈다. 그리고 그 좋은 느낌을 잃지 않기 위해 선물포장과 편지를 내 마켓만의 특별함으로 이어 오고 있다.

따로 선물 포장 요청을 해오지 않더라도 선물 받는 것처럼 기분 좋게 받았으면 하는 마음에서 특별한 사정이 없는 한 예쁘게 포장하고 손수 편지를 꼭 써서 보낸다.

편지에는 제품을 바잉한 국가나 매장, 주문한 제품의 간단한 설명 그리고 행복하시라는 메시지를 적어 보낸다.

그래서 그런지 구매평도 좋고 편지에 감동했다고 따로 연락도 많이 받는다. 매출도 꾸준히 상승했다.

나도 처음에는 오픈마켓 1곳에만 입점해서 운영하다가 확실히 여유가 좀 생기니 머스트잇, 필웨이 같은 전문 몰에도 입점시켰고, 판로가 다양해지니 매출도 자연스럽게 올라갔다.

명품은 브랜드 자체 인지도가 있기 때문에 별도로 제품을 알리기 위한 홍보 마케팅을 진행하지 않아도 된다. 빨리 팔고 천천히 팔고의 차이지 누구는 팔고 누구는 못 팔고의 차이는 아니다. 명품이 본래 제품 수량이 한정적이기 때문에, 광고 홍보를 꼭 하지 않아도 인기 판매자들의 제품이 판매되고 나면 나에게도 저절로 순번이 돌아오곤 한다. 손이 적게 가는 일을 하고 싶어 하는 나 같은 사람에게 이보다 좋은 일은 없다. 다른 아이템처럼 하루에 수십, 수백 개의 수량이 나가 하루 종일 포장과 배송을 해야 하는 수고는 없다. 그러나 하루 매출은 오히려 그 어느 아이템을 파는 것보다도 좋다.

권리금 없는 오프라인 매장 발견하다

명품 비즈니스를 온라인으로만 하니, 직장 다니며 본의 아니게 아주 바쁘던 생활에서 세상 한가한 생활로 바뀌었다. 적게 일해서 좋긴 한데 내 사업이라 생각하니 한편으로는 슬슬 욕심이 나기 시작했다. 제품을 사무실에만 둘 것이 아니라 오프라인으로도 소개할 수 있으면 매출을 더 늘릴 수 있을 것 같았다.

그러던 중 우연히 지인으로부터 소송이 걸려 있는 상가라 권리금 없이 저렴한 보증금으로 판매해 볼 수 있는 집단 상가의 매장을 소개받게 되었다.

얼핏 생각하면 소송이 걸려 있어 언제 쫓겨날지 몰라 걱정될 수도 있다. 하지만 소송은 적어도 6개월에서 1년 정도 진행되기 때문에 그동안은 계속 판매할 수 있다. 부담 없이 오프라인 운영을 경험해 볼 수 있는 기회였다. 빙고!

그렇게 매장까지 열었는데, 내가 유럽에서 바잉해 온 제품으로 매장 전체를 채우기에는 많이 부족했다. 좀 휑한 감이 있지만 일단 오픈하고 추이를 지켜보다 대안을 찾아보기로 했다.

그리고 고객들이 하나둘씩 방문하기 시작하면서 예상치 못한 문제도 생겨나기 시작했다.

백화점 안에 편집숍을 오픈한 것이 아니고 백화점 옆에 있는 상가에 매장을 오픈하다 보니 고객들이 진품이라 해도 마치 짝퉁 만지듯 마구 만져서 스크래치 난 제품들이 생기기 시작한 것이다. 아뿔싸, 이건 아닌데……. 결국 장갑 착용을 해 달라는 양해 멘트를 걸고, 방문하는 고객 한 분 한 분께 미리 설명도 드려야만 했다. 그러면서 나아지기는 했지만 일부 어떤 분들은 모두 무시한 채 화장품 묻은 손으로, 날카로운 손톱으로, 아랑곳하지 않고 제품에 손부터 가져다 대기도 했다.

그리고 매장에 있다 보면 이것이 진품인지 가품인지 어떻게 구별하느냐고 묻는 분들이 참 많았다. 하나하나 대답하다 보면 없던 진품 구별 지식도 늘어가는 듯했다. 이렇게 물어보시는 것은 당연한데 내가 사기꾼이라도 되는 듯이 의심하고 짝퉁 같다고 몰아가시는 분도 있고, 엉뚱한 트집을 잡으시며 말도 안 되는 가격으로 내놓으라고 생떼를 부리는 고객들도 있어 힘든 날들도 많았다. 유독 짓궂은 고객들도 더러 있었는데 나중에는 그것도 하나의 관심이라 생각하니 마음이 편해졌다.

매장 오픈 후 어느 정도 신뢰가 쌓이기 전까지는 짝퉁이 아닌 것을 증명하는 응대가 대부분이었다.

그래도 오프라인 매장을 오픈하니 약간 스크래치 난 제품들을 할인해서 진열하면 확실히 금방 판매할 수 있어서 좋았다. 이럴 때는 온라인보다 반응이 빨리 온다. 오프라인 매장은 나만의 아웃렛 매장이랄까.

지금은 아쉽게도 상가 전체가 리모델링 작업에 들어가 잠시 철수한 상태다. 1년 3개월 동안 오프라인 매장을 통해 고객들과 대면했다. 그 과정에서 고객들이 원하는 제품들이 무엇인지 단순히 온라인으로 알아볼 때보다는 좀 더 빨리, 확실히 배울 수 있었다.

재고가 모자라서 오늘은 일본으로 바잉 간다

12월은 참 바쁜 달이다. 송년회가 많아서 바쁘고, 제품도 많이 나가서 바쁘다.

크리스마스도 있고, 연말 모임도 많고 하다 보니 이래저래 판매량이 증가하는 달이다. 내 마켓을 오픈한 첫 해의 12월과 두 번째 해의 12월 모두 나는 부족한 물량을 채우기 위해 유럽 대신 일본 오사카를 선택했다. 바쁜 달에 가만히 앉아 "팔 물건이 없어요." 하며 바라만 보기에는 너무 아쉬운 달이기 때문이다. 일본은 가까워서 잠깐 갔다 오기 용이하고. 내 마켓의 전반적인 분위기나 콘셉트를 해치지 않으면서 크리스마스 선물이나 연말 선물하기에 부담이 덜한 가격대 제품을 바잉하기 적합하다.

일본에는 비비안웨스트우드, 플리츠플리츠, 꼼데가르송, 카시라, 바오바오백 등 완전 명품으로 분류되지는 않지만, 국내에서 인기리에 판매되고 있는 브랜드 제품이 많기 때문이다.

대학 다닐 때 도쿄에 여행을 한 번 다녀오긴 했지만 백화점은 발도 안 들여놓았기에 일본 백화점은 처음이었다. 오사카도 처음이었다.

급하면 통한다고 어디서 용기가 났는지 일본 바잉을 해야겠다고 생각한 당일에 비행기 티켓을 예매하고 다음날 바로 오사카로 날아갔다. 그때는 각 브랜드 매장이 어디에 붙어 있는지도 몰랐다. 오로지 구글 맵만 의지한 채 카드 1장, 그리고 비상금 20만 원을 챙겨서 2박 3일 코스로 다이마루, 한큐, 다카시마야, 루쿠아 및 기타 편집 매장을 돌며 바잉했다.

준비해간 바잉 목록을 꼼꼼히 대조해가며, 양손이 넘치도록 바잉하고 또 바잉했다. 얼마나 많이 샀던지 나 혼자 들고 갈 수가 없었다. 매장 직원에게 혼자 들고 가야 하는데 손이 더 없다고 택시를 불러 줄 수 있겠냐고 물으니 흔쾌히 도와주었다. 그 전에 택스리펀도 받아야 했는데, 택스리펀을 받을 수 있는 시간이 얼마 남지 않았었다. 일본 백화점에는 백화점 내 택스리펀 받는 곳이 있는데, 중국인들이 많아 늘 줄이 엄청 길다. 백화점 클로징 시간이 가까워져서야 바잉이 끝났기 때문에 자칫 택스리펀을 못 받을 수도 있었지만, 매장 직원의 도움으로 신속하게 택스리펀을 받을 수 있었다. 결국 택시까지 대신 잡아주고, 버벅거리는 일본어를 하는 나를 위해, 목적지의 주소까지 안전하게 가달라고 택시기사님께 부탁까지 하면서 택시가 떠날 때까지 90도로 인사해 주었다. 친절해도 이렇게 친절할 수가 없었다. 유럽에서와는 다르게 시종일관 기분 좋게 바잉했고, 제품 역시 크리스마스 준비를 위한 반짝 아이템으로 굿 초이스였다.

일본은 같은 아시아권이라 그런지 처음 가도 아주 낯설지는 않다. 그러니 본격 유럽 바잉이 부담스럽다면 일본 브랜드 제품으로 워밍업을 해 보는 것도 나쁘지 않은 것 같다.

물론 일본에서 바잉한 제품은 고마진을 기대하기는 힘들지만, 상대적으로 판매는 수월한 편이다. 판매자는 손쉽게 바잉할 수 있어 좋고, 구매자는 부담 없이 구매할 수 있는 것이 일본 브랜드 제품이다. 특히 5월 어버이날, 스승의 날, 12월 크리스마스, 연말 선물로 어김없이 많이 찾는다. 첫 일본 바잉이 많은 사랑을 받자 그 이후로 지금까지 나는 최소 두 달에 한 번 이상은 일본 바잉을 나가고 있다.

**고객님, 이미 제품 사용하셨는데
반품을 하시면**

명품 온라인 판매를 시작하기 전에 가장 많이 했던 고민이 반품이다.

혹시 구매자가 진품을 가품과 바꾸어 반품하면 어떻게 하지? 제품이 고객에게 한 번 갔다 돌아오는 과정에서 스크래치가 나면 어떻게 하지? 분실되면 어떻게 하지? 그런 고민을 수도 없이 해봤다. 워낙 고가의 제품이 오가니 걱정을 안 할 수가 없었다.

그러나 걱정하지 말자. 90%는 일어나지 않는다. 경험해 보기도 전에 미리 머리 터지게 생각하고 걱정해 봐야 머리만 복잡하다. 2년 동안 일해 보니 걱정했던 일들은 거의 일어나지 않았다. 발생하지 않은 일들에 대한 고민은 스스로를 지치게 할 뿐이다.

물론 판매를 하다 보면 반품이 안 들어올 수는 없다. 그래도 명품은 다른 제품에 비해 반품률이 낮은 편에 속한다.

반품 요청이 들어오면 나는 일단 쿨하게 반품을 받고 환불해 준다. 대신 반품 요청이 들어오면 그 이유를 물어볼 수 있으면 꼭 한 번 체크하고 넘어가고, 제품이 상하지 않도록 조심스럽게 반품해 달라고 한 번 더 정중하게 부탁한다. 그럼 대부분 별문제 없이 반품되어 온다.

사실 소비자도 마음 편하게 반품하지 않는다. 반품할까 말까 하루 종일 고민하고 망설이다 반품하는 경우가 대부분이기 때문이다. 물론 악의를 가지고 반품하는 소비자도 있을 수 있지만, 소비자도 큰돈을 내고 제품을 구매하는 것이다. 일단 금액을 내고 물건이 소비자에게 도착한 이후에는 판매자에게 반품이나 취소 거부 처리를 할 수 있는 키가 넘어가기 때문에 무조건 환불이 되지 않는 점을 이미 충분히 인지하고 있다. 그렇기 때문에 처음부터 악의를 품고 작정하지 않는 이상 쉽게 장난치지 못한다. 세상에는 나쁜 사람보다 좋은 사람이 더 많다. 마찬가지다. 양심 없는 소비자보다 양심 있는 소비자가 훨씬 많다.

그러니 반품에 대해 너무 걱정하지 않길 바란다.

반품 이슈는 2년 동안 딱 한 번 있었다. 프라다 지갑이었는데, 물건을 일주일도 더 들고 있다가 말도 없이 오픈마켓에 반품 요청을 하며 물건을 보내왔다. 어떤 코멘트도 없이 뒤늦게, 그냥 반품이었다. 황당했던 것은 제품에 본인의 이름이 새겨져 있는 제휴사 카드가 제품 안쪽에 떡하니 들어 있던 것이었다. 카드가 들어가는지 잠깐 넣어봤다가 미처 빼지 못했다고 하기에는 지갑에서도 가장 안쪽 포켓에 깊숙이 넣어져 있었다. 거기다 지갑에는 손이 탔다는 것을 증명이라도 하듯 사용 흔적이 있었다.

결국 그 지갑은 지금 내가 사용하고 있다. 덕분에 프라다 지갑 하나 얻었다고 생각하고 감사히 사용하고 있다. 이런 경우는 드물기 때문에 스트레스받지 말자. 일부러 비싼 돈 주고도 사는데 저렴하게 명품 하나 생겼다고 생각하며 털어버리면 아무것도 아니다.

반품은 쿨하게 해주되, 반품이 들어오면 혹시라도 물건에 손상된 곳은 없는지 가품으로 바꾸는 장난을 치지 않았는지 사용 흔적은 없는지 더 꼼꼼하게 검수하여야 한다. 다른 고객이

이 물건을 구매할 수도 있기 때문에 더욱더 세심하게 살펴보아야 한다.

  그리고 일어나지는 않겠지만 아주 만약에 발생할 수 있는 사고를 대비하기 위하여, 제품 발송 전 제품 컨디션을 다시 한번 확인한다. 그리고 내가 보낸 제품임을 확인할 수 있는 고유번호나 그 제품의 식별 마크, 특징들을 사진으로 남겨놓고 보낸다. 우리가 발송한 진품임을 확인할 수 있는 표시나 과정이 남아 있으면 당황하지 않고 대처할 수 있다.

  그러면 크게 문제 될 일은 없다.

  그러니 반품 걱정을 할 시간에 하나라도 더 좋은 아이템을 찾는 것에 집중하는 것이 심신에 이롭다.

재고 소진율은 몇 프로

제아무리 뛰어난 베테랑 판매자라 하더라도 재고 하나 없이 모두 판매하는 것은 불가능하다. 명품의 경우 마지막에 정 힘들면 원가 세일이라는 마지막 히든카드를 쓸 수 있기 때문에 다른 아이템보다는 재고가 현저히 적은 아이템이다. 물론 다른 아이템들도 원가 세일을 할 수 있지만, 명품만큼의 힘은 없다. 유독 성격상 재고를 못 견디는 사람들이 있다. 만약 독자분들도 스스로 돌아봤을 때, 재고에 스트레스를 많이 받는 성격이다 싶으면 이 일은 포기하길 바란다. 어차피 시작해봐야 스트레스로 오래 일할 수 없기 때문이다.

　재고를 최소화하려는 노력은 열심히 하여야 한다. 바잉에 앞서 아이템에 대한 충분한 사전 조사를 해 두면 재고 걱정을 많이 덜어낼 수 있다. 나도 초보 사업자라 대단히 많은 것을 알지는 못하지만 최소한 현장에서 예쁘다고 무조건 충동구매 하지는 않는다. 정해진 리스트에서 많이 벗어나지 않는 안전주의 위주의 바잉을 하기 때문에 2년 동안 판매해 오며, 현재 남아 있는 재고 수량은 5개뿐이다. 자랑이 아니라 대부분 그렇다. 명품은 제품 하나를 바잉하더라도 적지 않은 돈이 들어가기 때문에 혹시나 팔리지 않고 재고로 남으면 곤란해질 수 있다. 그렇기 때문에 아주 자신 있지 않는 한 모험심을 가지고 섣불리 바잉하지 않는다.

물건을 판매하다가 부득이 재고가 많이 남아 빨리 소진하고 싶은 경우 세일 이벤트를 진행하면 금방 해결되곤 한다. 이때 나는 내 마켓 이외 명품 온라인 커뮤니티를 이용하여 판매에 가속도를 낸다. 다음 바잉 일정 전에 최대한 물건을 많이 팔아 자금을 회전시키는 것이 중요하기 때문에, 마진을 적게 붙이더라도 수단과 방법을 가리지 않고 최대한 활용한다.

전문 몰이나 여타 오픈마켓보다 회원 수가 많고 회원들의 활동이 활발한 명품 온라인 커뮤니티의 파워는 강하다. 그리고 대부분 이런 명품 온라인 커뮤니티에서 판매도 가능하도록 세팅되어 있다. 인지도가 높지 않은 내 초보마켓에 올려놓을 때보다 수십만 명의 회원이 활동하는 온라인 커뮤니티에 올려놓

앉을 때 반응이 훨씬 더 좋은 경우가 많다. 일단 명품 온라인 커뮤니티에 활동하는 사람들은 명품을 좋아하거나 사 본 경험이 있는 사람들이 많다. 또한 소수의 잘 운영되고 있는 커뮤니티가 전체를 이끌어 가고 있기 때문에 정확한 타깃에게 많이 노출시키는 기회를 많이 만들 수 있다. 전문 몰, 오픈마켓, 커뮤니티 등 자신에게 잘 맞는 판로를 하나씩 확보해 나가다 보면 생각보다 어렵지 않게 운영해 나갈 수 있다.

그리고 다음 바잉 시기는 대충 재고가 빠지는 속도와 남아 있는 양을 보고 계획하는 것이 일반적이다. 보통 바잉을 다녀와서 제품이 대략 50% 즈음 판매되어 재고가 40~50% 남았을 때 다음 바잉을 이어가는 것이 가장 이상적이다. 신상이 리스팅 되면서 이전에 남았던 재고들도 자연스럽게 함께 노출되어 덩달아 함께 판매되며 시너지 효과를 내기 때문이다. 문제없이 잘 판매되면 바잉 주기는 보통 한 달 반에서 두 달에 한 번이 될 것이다.

병행 수입도 A/S가 가능하게 만들자

결국 나처럼 유통 단계를 간소화하여 명품을 병행 수입 해오면, 공식 수입업체보다는 저렴하게 제공하는 대신 공식 수입업체처럼 자체 A/S센터를 별도로 두고 운영하지는 않는다. 소비자들이 A/S 여부를 가장 많이 물어보는데 사실 에르메스, 샤넬, 루이비통 제품은 세계 어느 나라에서 구매했는지와 상관없이 '월드워런티'가 적용된다. 그러므로 국내 정식 A/S센터는 물론 전 세계 매장에서 A/S가 가능하다.

그러나 이 브랜드 외의 병행 수입 제품은 국내 매장에서 A/S가 어려운 것이 사실이다. 그리고 A/S 문제가 명품 병행수입 상품이 저렴한지 알면서도 선뜻 결정하지 못하게 하는 가장 큰 요소 중 하나다. 만약 A/S 부분에 대한 판매자 나름의 전략을 세우면 매출에는 긍정적인 영향을 미칠 것이다. 그래서인지 요즘 일부 병행 수입업자들이 자체적으로 A/S를 해결해

준다는 전략을 내세워 판매하기도 한다.

처음에는 나도 잘 몰랐는데 명품 브랜드 특성상 사용하면서 심하게 손상되거나 흔한 말로 고장 날 확률이 높지는 않을뿐더러, 조금만 신경 쓰면 어렵지 않게 A/S 문제를 해결할 수 있다. 국내 명품 매장과 협력하여 수선해 본 경력이 있는 검증된 A/S 업체를 미리 알아두고 적절히 이용하면 된다.

<A/S 센터>

No	업체명	A/S 품목	사이트
1	명동사	가방, 의류, 구두	www.myungdongsa.co.kr
2	서현사	가방, 구두, 지갑, 벨트	www.seohyeonsa.co.kr
3	강남사	가방, 구두, 지갑, 벨트	www.gangnamsa.com
4	구구스핸디맨	가방, 지갑	www.gugushandyman.co.kr
5	이태리옷수선실	의류	italyclothes.modoo.at
6	해운대 천사의 손	가방, 구두	051)746-9522
7	부천 중동사	가방, 구두, 지갑	jungdongsa.blog.me

제6장

이제는 다음 바잉을 준비할 시간이다

매출은 잘 나오고 있나

명품을 병행 수입하여 온라인 마켓에서 판매하고 이를 운영하다 보면 생각보다 심심하다는 생각이 스멀스멀 든다. 일반 제품들처럼 하루에 수백 개의 제품이 판매되는 것이 아니기 때문이다. 그래서 내가 처음에 그랬던 것처럼 내 사업이기 때문에 빨리 더 확장하고 싶다는 생각이 들 것이다.

  그때마다 내가 처음 왜 이 사업을 시작했는지, 이 사업으로 무엇을 얻고 싶었는지를 떠올려 보자. 그렇게 시시때때로 뻗어 나오는 옆 가지들을 잘 쳐가며 나아가야 한다. 현재 이 책을 읽고 계신 독자라면 적어도 명품 독점 수입업체를 운영하거나 수십억을 투자할 의지로 비즈니스를 시작하려는 분은 아닐 것이다. 한두 번쯤 실수해도 만회할 수 있는 큰돈을 쌓아두고 하는 것이 아닌 이상 의욕과 조급함에 성급하게 확장하려고 욕심내면 생각보다도 짧은 시간 발만 담그고 나와야 하는 일이 발생할 수 있기 때문이다.

내가 현재 후회하는 부분 중 하나도 이 점이다. 적정선을 정해두고 그 선을 너무 많이 벗어나지 않도록 끌고 나가야 하는데 나는 그 선을 과하게 넘어버려, 하지 않아도 될 마음고생도 많이 했다. 나한테도 그저 숨기고 싶은 삽질이었다.

온라인 마켓을 늘려 나가는 일 외에 아무리 저렴한 보증금으로 시작했다 해도 온라인 마켓이 제대로 자리 잡아 안정화되기도 전에 덜컥 오프라인 매장을 오픈했다. 매출도 오르겠지만 오프라인 매장도 자리를 잡는 데까지 일정 시간이 필요하고, 오프라인 매장을 여는 그 순간 매장의 세와 관리비, 직원까지 채용해야 하는 추가 지출이 바로 발생한다. 또한, 오프라인 매장과 온라인 매장이 비슷한 것 같아도 팔리는 품목이 조금씩 차이가 있기 때문에 애초부터 계획해 온 제품 외에 추가로 입고시켜야 하는 물건이 생각보다 많아진다. 여기까지는 몸과 마음이 고생스러워도 어떻게든 버텨 낼 수는 있다.

그런데 문제는 나처럼 유럽 외에도 일본, 중국 등 기타 여러

나라를 오가다 보면 아직 내 그릇이 제대로 만들어지기도 전에 내가 취급하는 제품 외의 아이템들이 좋아 보이기 시작한다는 점이다. 그리고 좋아 보이는 여타의 아이템들을 수입하게 되면 일은 걷잡을 수 없이 커진다. 내가 보기 좋게 그랬다. 메인을 돋보이게 하기 위해 서브로 시작했던 일본 바잉에서 난데없이 전혀 상관없는 캐릭터 제품까지 수입해 오고, 별도로 운영하는 마켓까지 만들어 늘렸다. 초심을 잃고 욕심으로 곁눈질 유혹에 빠져 적지 않은 대가를 톡톡히 치렀다. 사람은 분수껏 살아야 하는데 분수를 넘어서면 심신이 고달파진다.

부디 독자분들은 나와 같은 유혹에 빠져 심신을 지치게 하는 일은 없길 진심으로 바란다.

결국 경험상 보면 가장 현명한 방법은 처음에 세운 예산 전부를 투입하여 바잉을 시작할 것이 아니라 예산 중 50%만 첫 바잉에 투자하는 것이다. 그러고 나서 수입한 물건의 50% 정도가 판매될 때까지 회수된 금액 전부를 모아 두었다가 그 돈과 처음에 투자하고 남은 예산 중 30%를 추가하여 바로 다음 바잉을 준비하여야 한다. 적어도 처음 몇 년간은 내 마켓이 인지도를 가지고 안정적으로 운영될 때까지 부득이 사용하는 비용은 무조건 최소화하고 다음 바잉을 대비하며 전부 모아 두어야 한다. 이 방법이 최선이다.

제품이 고가이다 보니 한 번에 정말 큰돈이 나왔다 들어갔다 한다. 모두 내가 벌어들인 돈인 양 착각하고, 흥청망청 써버리는 유혹에 빠지기 너무 쉽다.

초보 사업자일수록 더더욱 초심을 절대 잃지 말아야 한다. 사업하다 보면 어쩔 수 없이 꼭 지출되는 비용 외의 지출은 이유를 불문하고 무조건 최소화하여야 한다. 깜냥도 모르고 여기저기 곁눈질하고 흥청망청 많이도 써서 한동안 마음고생을 한, 딱 한발 먼저 서 있는 선배로서, 이 책을 통해 내가 후배들에게 꼭 드리고 싶은 한마디이다.

유럽 바잉이 부담스러우면
일본 바잉도 괜찮다

/

올해 겨울은 유럽에 가지 않기로 했다. 잠시 석 달만 쉬었다 봄에 나갈 예정이다. 대신 그 기간 동안 오롯이 2년 동안 해왔던 일과 기록을 정리하는 시간을 갖기로 했다. 사실 내 그릇에 넘치는 일들을 하느라 지난 2년 동안 마음 편한 날들이 별로 없었고, 편히 쉰 날도 없었다. 쉬지 않고 일만 하려고 사업을 시작했던 것은 아니었는데 말이다.

하루가 멀다 하고 매달 해외 바잉을 다니느라 체력이 너무 많이 소모되어 체력 보충도 필요했다. 또 잔가지들은 쳐내고 다시 한번 알맹이만 추슬러야 하는 시기가 되었다. 그래서 당장 바잉 한 번 나가는 것보다 나름대로 잠시 쉬면서 불필요한 것을 덜어 내는 것이 앞으로도 계속 이 일을 해나가는 데 도움이 될 것이라는 생각이 들었다. 그렇다고 마켓을 닫은 것은 아니고, 마켓은 마켓대로 굴러가고 있다. 한 달에 한 번, 이틀 다녀오는 일본 바잉으로 마켓을 보충하고 있다.

어떤 일이든 모든 일이 내가 예상하고 바라는 대로 흘러가지만은 않는다. 그것이 내부의 문제이든 외부의 영향이든 상상치 못한 일들이 시시때때로 발생한다. 내 비즈니스를 시작하고 나서는 더 자주 느끼게 되었다. 이때 확실히 플랜 B, 플랜 C 등의 대안을 만들어 놓으면 언제든 당황하지 않고 이어갈 수 있다. 일본 바잉이 나한테는 플랜 B였던 셈이다. 메인 콘셉트를 해치지 않으면서 대체할 수 있는 것은 대체하여, 보충하고 유지할 수 있으면 된다.

아이템 공부가 핵심이다

바잉을 잠시 쉬는 동안에도 아이템에 대한 공부는 아직도 한창이다. 이 일은 아이템에 대한 촉을 뾰족하고 날카롭게 세우고 있을수록 실수를 현저히 줄일 수 있기 때문이다. 초보 사업자에게 아이템은 늘 어려운 숙제다. 감을 찾고, 그 감을 유지하고 있어야 한다. 예상이 100% 적중할 수는 없지만, 고가의 제품이 재고가 되는 위험 부담을 한가득 안고 싶지 않으면 아이템 공부가 루틴이 되어야 한다.

그래서 평소 명품에 관심이 많거나 좋아하면 훨씬 유리하다. 아는 분 중에 평소 명품에 관심이 많거나 본인이 정말 좋아해서 우연한 기회에 이쪽 사업까지 하고 계신 분이 있는데 아주 행복해 하신다. 일부러 마음먹고 여행도 가는데 마음 편히 자기 것도 사고 겸사겸사 판매할 것도 바잉하는 데는 4박 5일 일정이면 충분하다며 가볍게 다녀오신다. 일을 놀이처럼 하시는 것 같은데 성과는 훨씬 좋다.

나는 평소 명품을 즐겨하지도 않았고, 접할 기회도 많지 않아서 딱 내가 판매하는 아이템 중 하나로만 생각했다. 그 이상도 이하도 아니었는데, 2년쯤 하고 나니 명품이 자꾸 좋아진다. 그러니 이제부터는 진짜 재미있는 비즈니스를 할 수 있을 것 같다. 의무감으로 하는 것이 아니라 좋아서 하게 되면 그때부터는 내 안에 숨겨져 있던 다른 힘이 나와서 시너지 효과를 낼 테니까.

어쨌든 아이템 공부는 평소 명품을 좋아하는지와는 상관없이 매일 하여야 한다. 그렇다고 아이템 공부라 해서 거창한 것은 없다. 명품 관련 온라인 커뮤니티에 가입하여 살펴보고, 머스트잇이나 필웨이 같은 전문 몰들을 방문하여 다른 판매자들이 현재 어떤 제품을 잘 팔고 있는지, 오늘 새로 올라온 신상에는 어떤 것들이 있는지 살펴보는 게 좋다. 그리고 소비자들은 어떤 후기를 남겼는지, 어떤 제품의 어떤 점을 궁금해하는지 구매평, 사용 후기, Q&A들은 모두 읽어보고 필요한 부분은 메모하여 모아 놓는다. 실시간으로 올라오는 셀럽들의 공항 패션이나 데일리 패션들도 한 번씩 찾아본다. 분명히 인기 없어 그냥 스쳐 지나가던 제품도 셀럽들이 한 번 들고 나와 이슈가 되면, 그 시즌 보물 아이템이 되어주기 때문이다.

매일 밥 먹고 신문을 보듯 루틴을 만들어 나가다 보면 안목이 생기고, 아이템에 대한 나만의 노하우도 생긴다. 초보 사업자인 나 역시 아직도 뛰어난 감은 없다. 그래서 감을 얻기 위해 여전히 하루에도 많은 시간을 아이템 공부에 할애하는 중이다.

<미리 공부해 두면 좋은 브랜드>

A.P.C. 아페쎄

Acne Studios 아크네스튜디오

Alexander Mcqueen 알렉산더맥퀸

BALENCIAGA 발렌시아가

Bottega Veneta 보테가베네타

BURBERRY 버버리

CELINE 셀린느

CHANEL 샤넬

Comme des Garcons 꼼데가르송

FENDI 펜디

Ferragamo 페라가모

GIVENCHY 지방시

GOLDEN GOOSE 골든구스

GUCCI 구찌

HERMES 에르메스

Isabel Marant 이자벨마랑

KENZO 겐조

LOEWE 로에베

Louis Vuitton 루이비통

Maison Kitsune 메종 키츠네

Marni 마르니

Moncler 몽클레어

Paul Smith 폴스미스

PRADA 프라다

Saint Laurent 생로랑

THOM BROWNE 톰브라운

VALENTINO 발렌티노

Vetements 베트멍

이제부터가 진짜 시작이다

비즈니스를 시작한 첫해, 그리고 두 번째 해.

무엇 하나 처음이 아닌 것이 없어서 내가 맞게 하고 있는 것인지 어떤지도 모르고 지나갔다. 난생처음 유럽도 다녀왔고, 배 타고 일본도 다녀왔으며, 번개처럼 중국도 다녀왔다. 짐을 풀자마자 제품을 하나씩 판매했고, 나는 다시 유럽행 비행기에 올라타야 했다. 눈떠 보니 일본의 익숙한 숙소에 나는 또 짐을 풀고 있었다. 순식간에 일어난 일들이다. 각종 스탬프가 여기저기 찍혀 지저분한 내 여권을 보고서야 '내가 보낸 두 해가 이랬구나.' 한다.

이 일을 시작할 때 너무 갑작스러운 결정 아니냐는 주변의 걱정이 정말 많았다. 그런데 이 일을 해 볼 기회가 생겼을 때

그냥 했다. 멀쩡히 직장도 다니고 있었고, 바잉을 나갈 수 있을 만큼 모아둔 돈도 없었다. 할 수 있다는 이유보다는 할 수 없는 이유를 찾는 것이 훨씬 쉬웠다. 할 수 없는 이유를 나열하자면 끝도 없지만, '하고 싶다, 해 보자!'에만 집중하다 보니, 사직서를 제출한 지 딱 48시간 만에 나는 프랑크푸르트행 비행기에 올라타고 있었다. 무엇 하나 갖추고 있는 것이 없었기 때문에 '완벽하게 차근차근 준비하고, 사업 자금도 만든 후에 하자.'라며 많은 생각을 했으면 어쩌면 난 지금까지도 이 일을 시작도 못 하고 있을지도 모른다.

'해보고 싶다!'라는 생각이 들면 이것저것 재고 생각하고 고민하기보다는 그냥 해 보는 것이 낫다.

어쩌면 지금 기회를 놓쳐버리면 나에게 같은 기회는 영영 오지 않을 수도 있다. 그리고는 그 일은 내 일이 아니었나 봐, 하며 애써 위로할 것이다.

2년이 지나고 나니 내가 했던 실수들이 보이기 시작하고, 기존에 해 왔던 것보다는 좀 더 쉽게, 좀 덜 힘들게 할 수 있는 길이 조금씩 보이기 시작한다. 순식간에 지나간 비즈니스 2년 동안의 행적을 점검하며 현재 서 있는 곳이 어디인지 내가 가고자 하는 방향을 향해 옳게 서 있는지, 앞으로는 어떻게 운영해 나갈 것인지 생각해 본다. 앞으로도 현재의 행보대로 갈 것인지, 규모를 확장하기 위해 함께 일할 사람들을 늘려나갈 것인지, 오프라인 매장을 다시 오픈할 것인지, 오픈한다면 2호, 3호점을 더 둘 것인지, 어떻게 시스템을 만들어 운영해 나갈 것인지 등등.

 확실히 이 일을 시작할 때 했던 생각보다는 좀 더 깊숙한 곳으로 들어가 생각을 넓혀가고 있는 것 같아 흐뭇하다. 더도 덜도 아닌 딱 2년의 세월만큼 성장했다. 그리고 뭐 성공이 별것인가? 꼭 엄청난 부를 축적하고 타인들이 우러러 봐주어야만 성공은 아니다.

 나는 내가 해보고 싶은 일을 하면서 살고 있으면 성공했다고 생각한다. 그런 의미에서 성공했다. 3개월 후면 지금보다는 힘을 좀 더 빼고 다시 유럽행 비행기에 몸을 싣고 있을 것이다. 가방도 지금보다 더 가볍게 텅텅 비워 갈 것이다. 무엇보다 심신에 가득 차 있던 욕심을 버리고 가게 될 것이다. 그것이 다음 바잉을 위해 내가 할 수 있는 최고의 준비다.

에필로그

/

 명품 병행 수입에 대한 기본적인 플로우들을 보고 그럼 나도 한번 시작해 봐야겠다는 마음이 든다면 걱정하지 말고, 많은 생각도 하지 말고 한번 떠나보자. "그럼 이제 무엇을 어떻게 하지?"라는 도돌이표 질문은 하지 말고.

 애서 돈 모아 일부러 여행도 가는데, 가서 명품 매장도 둘러보고, 책에서 소개한 제품이나 절대로 손해 보지 않는 아이템을 사 와서 온라인 사이트나 커뮤니티에서 소소하게 판매도 해보자. 아마 생각했던 것보다 훨씬 더 빨리 반응이 와서 놀랄지도 모른다. 처음부터 거하게 무리해서 바잉 할 생각 하지 말고 할 수 있는 선에서 시작해보자. 어차피 나처럼 초반에 많은 컨설팅 비용을 내고 나가는 것도 아닌데, 물건 사면서 택스리펀 받으면 심지어 비행기, 숙소 등 경비도 많이 들지 않는다. 아깝다 생각 말고 나가서 부딪쳐 보자. 부딪치면 누구나 다 할 수 있다.

 영어가 고민이라면, 난 영어가 짧아서 어려울 것 같다며 안되는 이유를 찾을 시간에 당장 해외에 나가 쓸 수 있는 영어

문장 100개만 먼저 외워보자. 100문장이면 차고 넘친다. 없던 자신감도 생길 것이다.

 명품에 대한 정보도 없고, 현지 환경에 익숙하지 않아 걱정이라면, 우물쭈물하지 말고 온라인 대형 명품 커뮤니티에 바로 가입부터 해보자. 수십만의 회원들이 다양한 정보를 공유하고 있다. 생각보다 잘 만들어져 있고 활동도 활발하다. 조금만 들여다보면 아이템에 대한 다양한 정보나 팁들을 얻을 수 있다. 국내는 물론 현지에 거주하고 있는 다양한 회원들이 있어 현지 정보까지도 쉽게 얻을 수 있다. 든든해질 것이다.

 숙소가 걱정이라면, 해외 숙소 예약 사이트도 찾아보고, 실제 다녀온 블로거들의 후기도 꼼꼼하게 찾아 읽어보자. 해외 숙소 예약 사이트도 정말 이용하기 편리하게 만들어져 있다. 기쁜 마음으로 한번 가보고, 좋으면 계속 이용하고, 별로면 다음에는 다른 곳을 이용하면 그만이다.

 수입할 때 작성해야 하는 서류가 고민이면, 관세사를 찾아 미리 연락해 보자. 대부분 친절하게 알려주시고 도와주신다. 서류도 한 번만 제대로 작성해 보면 두 번째부터는 정말 아무

것도 아니다. 쓸데없이 겁먹지 말자.

 나는 오래전부터 친구들 사이에서도 길치, 방향치로 유명하다. 국내에서도 이 정도인데 한 번도 가보지 못한 낯선 해외를 가면 오죽하겠는가. 모르긴 몰라도 남들보다 적어도 2배는 더 헤매고 다니는 것 같다. 그럼에도 불구하고, 좀 헤매긴 해도 구글맵 어플을 다운받아 결국 원하는 장소에 찾아가고, 바잉 리스트에 메모해 놓은 아이템을 모두 바잉 해 온다.

 결국 하려는 의지와 할 수 있다는 자신감만 있으면 제아무리 부족한 부분이 있더라도 할 수 있다. 굳이 안 되는 이유와 핑계만 줄곧 찾아대는 건 못하는 것이 아니라 안 하는 것뿐이다.

 나도 돌이켜 생각해보면 해야 할 이유보다는 하지 말아야 할 이유가 훨씬 많았다. 그럼에도 일단 그냥 했다. 어차피 해도 후회, 안 해도 후회라면, 가보고 후회하는 것이 안 가본 길에 대한 후회보다 백번 낫다.

 훗날 나는 분명 내가 프랑크푸르트 비행기 티켓을 바로 예매했던 그때가 내 인생의 2번째 터닝포인트였다고 이야기할 것이다.

나는 지금 하고 있는 일이 좋다. 내일 당장 떠나고 싶으면 지금 바로 비행기 티켓을 예매하여 떠난다. 예전 같으면 비행기 티켓에 현지 숙소, 경비, 기타 등등 계산기만 잔뜩 두드려보고 차일피일 날짜만 미루고 있었을 것이다. 그러나 지금은 안다. 일단 나가면 나에게 이익을 창출해 줄 또 다른 아이템을 찾아 들어올 수 있다는 것을. 그래서 더 자유롭고 더 편하게 내일부터 머무를 숙소와 항공권을 예매한다. 해외 어느 곳이 되었든 언제라도 원하는 곳에서 원하는 시간만큼 굶지 않고 살 자신도 있다. 아주 감사하게 명품이라는 아이템은 꼭 내가 대한민국에 살지 않더라도 어디서든 수입하고 수출하여 판매할 수 있기 때문에, 나는 내가 원하는 곳에서 장소를 구애받지 않고 일할 수 있는 진짜 자유를 얻었다.

 독자분들도 자신이 원하는 곳이 국내, 해외 그 어느 곳이 되었든 언제라도 원하는 곳에서 원하는 시간만큼 일하며 굶지 않고 살 수 있는 자신감과 내일 새벽에 떠날 항공권을 오늘 당장 예매할 수 있는 자유를 얻길 바란다. 아울러 이 책을 끝까지 읽어 주신 독자분들께 감사의 인사를 전한다.

나는 오늘도 해외로 명품 사러 간다

발 행 일   2023년 05월 05일 1판 5쇄

지 은 이   정민
펴 낸 이   강홍구
기 획 편 집   박하루
디 자 인   김송이 hightstory@naver.com
펴 낸 곳   뉴명성
대 표 전 화   02-6409-5328
팩   스   02-2691-0091
저자 이메일   kukikang2@gmail.com

I S B N   979-11-85284-17-0
정   가   14,000원

*라미북스는 뉴명성의 성인단행본 브랜드입니다

*저작권법에 의해 한국 내에서 보호를 받는 저작물이므로
 무단전재와 무단복제를 금합니다.